JOHANNES KUNISCH

Staatsverfassung und Mächtepolitik

Historische Forschungen

Band 15

Staatsverfassung und Mächtepolitik

Zur Genese von Staatenkonflikten im Zeitalter des Absolutismus

Von

Johannes Kunisch

DUNCKER & HUMBLOT / BERLIN

Alle Rechte vorbehalten
© 1979 Duncker & Humblot, Berlin 41
Gedruckt 1979 bei Buchdruckerei Bruno Luck, Berlin 65
Printed in Germany
ISBN 3 428 04526 2

Den Freunden der Frankfurter Jahre

1968 bis 1976

Vorwort

Die nachfolgende Abhandlung versteht sich als ein Beitrag zu dem Bemühen, die strukturelle Eigentümlichkeit des frühneuzeitlichen Europa nachzuweisen und zu verdeutlichen. Sie unternimmt den Versuch, die typischen Staatenkonflikte des *ancien régime* auf ihre systembedingten Ursachen hin zu untersuchen. Der Rahmen dieses Themas ist zu weitgesteckt, um die Ereignisse selbst in ihrer Komplexität auch nur in großen Zügen darstellen zu können. Ich habe deshalb an Beispielen herauszuarbeiten versucht, was mir für die grundsätzliche Seite des Problems wesentlich erscheint.

Mein Dank gilt dem Verlag Duncker & Humblot, besonders Herrn Professor Dr. Johannes Broermann, für das auch bei der Drucklegung dieser Arbeit bewiesene große Entgegenkommen. Zu danken habe ich ferner meinen Assistenten, Herrn Privatdozent Dr. Hans Otto Kleinmann und Herrn Dr. Helmut Neuhaus, für das Mitlesen der Korrekturen. Ihre Sorgfalt ist diesem Buch sehr zugute gekommen.

Köln, im August 1979 *Johannes Kunisch*

Inhaltsverzeichnis

I. Das Problem 11

Das Verhältnis von Staat und Verfassung: der absolutistische Fürstenstaat als Beispiel S. 11 — Motive außenpolitischen Handelns S. 12 — Das Konfliktpotential der Erbfolgekrisen S. 14 — Die Bedeutung des Machtprestiges S. 16

II. Machtstabilisierung durch Erbfolgeregelung. Zum Wandel dynastischer Herrschaftslegitimation im 17. und 18. Jahrhundert 17

Die verfassungsrechtlichen Konsolidierungsbestrebungen der Dynastien: die dänische Lex Regia als Beispiel S. 17 — Ihre Bedeutung und Gestalt S. 18 — Die Präambel S. 18

1. Die Entzauberung der Monarchie von Gottes Gnaden 21

   Abschwächung des Gottesgnadentums S. 21 — Der Wandel des Krönungszeremoniels S. 23 — Der Einfluß des Auseinandertretens von Kirche und Staat S. 25 — Die Bedeutung der Reformation für die Abschwächung sakralrechtlicher Vorstellungen S. 27 — Säkularisation als Faktor neuzeitlicher Staatsbildung S. 29

2. Der Herrschaftsvertrag 30

   Die Parabell des Herrschaftsvertrages S. 30 — Ihre Adaption in der dänischen Lex Regia: Veräußerung der Staatsgewalt durch das Volk, Proklamation der absoluten Fürstenmacht S. 31 — Die einzelnen Souveränitätsrechte S. 34

3. Normen dynastischen Erbrechts 35

   Der Grundgesetzcharakter der Lex Regia S. 35 — Agnatisches und kognatisches Erbrecht S. 36 — Primogeniturerbfolge S. 37 — Unteilbarkeit der Kronländer S. 37 — Die staatsbildende Qualität der Erbfolgegesetze des 17. und 18. Jahrhunderts S. 39

III. Dynastische Krisen als „conjonctures favorables" 41

Erbfolgeregelungen und Erbfolgekriege — ein Widerspruch? S. 41

1. Die Erbfolgeregelung im Hause Österreich und die diplomatischen Schritte zu ihrer Anerkennung 41

   Das Haus Habsburg als monarchische Union von Ständestaaten S. 41 — Erste Fixierungen von Erbfolgegrundsätzen S. 43 — Die Pragmatische Sanktion von 1713 S. 44 — Diplomatische Bemühungen um Anerkennung der Pragmatischen Sanktion S. 46 — Das Kopenhagener Bündnis S. 47 — Das Arrangement mit Preußen S. 48 — Der Wiener Vertrag mit England S. 51 — Die Anerkennung der österreichischen Sukzessionsordnung durch das Reich S. 55 — Die Garantieerklärung Frankreichs S. 60

2. Der Erbfolgekonflikt des Jahres 1740 62

Erbrechtliche Unklarheiten S. 62 — Die Absichten Kurbayerns S. 63 — Der Zugriff Preußens S. 64 — Die Motive des Königs S. 65 — Das Eingreifen Frankreichs S. 66 — Die gesamteuropäische Konstellation des Jahres 1740 S. 67 — Die mächtepolitische Bedeutung der Besitzergreifung Schlesiens durch Friedrich den Großen S. 69 — Das Prinzip der Machtdynamik S. 70 — Konvenienz und Staatensystem S. 73

IV. Erbfolgekrisen als Krisen des Staatensystems 75

Die strukturbedingte Krisenanfälligkeit der dynastischen Fürstenstaaten S. 75 — Das Beispiel des Hauses Habsburg S. 77 — Streben nach Umverteilung der machtpolitischen Gewichte S. 78 — Die mit der Verrechtlichung der Erbfolge wachsende Bedeutung der „conjonctures favorables" S. 79

Literaturverzeichnis 81

Personen- und Sachregister 85

I. Das Problem

Es bedarf keiner Ausführungen, daß zwischen der außenpolitischen Konstellation, in der sich ein Staat befindet, und seinen inneren Verfassungs- und Verwaltungseinrichtungen ein enger Zusammenhang besteht. Otto Hintze hat in seinen grundlegenden Abhandlungen zum Thema „Staat und Verfassung" eindringlich und mit der unvergleichlichen Fähigkeit zu „anschaulicher Abstraktion" darauf hingewiesen, daß ein Volk mit seiner staatlich-gesellschaftlichen Organisation niemals isoliert für sich in der Weltgeschichte dastehe. „Seine innere Verfassung ist immer weitgehend bestimmt durch die äußeren Lebensbedingungen, die durch die großen Weltverhältnisse gegeben sind[1]."

Der Militär- und Beamtenstaat des Absolutismus ist dafür ein sinnfälliges Beispiel. Er ist das Ergebnis eines scharfen Wettbewerbs rivalisierender Mächte und insofern „eine große historische Notwendigkeit"[2]. Die Rivalität der kontinentaleuropäischen Mächte untereinander, sagt Hintze, entwickelte sich im 17. Jahrhundert „zu einem habituellen Dauerzustand" und zwang den reglementierenden Fürstenstaat, seine Kraft in zunehmendem Maße auch nach innen zu wenden und sich jedes Mittels zu bedienen, um die Intensivierung des Staatsbetriebs voranzutreiben[3]. „Erst drei, dann fünf große Mächte, zuletzt sechs,

---

[1] *O. Hintze*, Wesen und Wandlung des modernen Staats, hier 474; ferner ders., Staatenbildung und Verfassungsentwicklung, hier bes. 34 - 38; Machtpolitik und Regierungsverfassung, 424 - 456, und Staatsverfassung und Heeresverfassung, 52 - 83. Vgl. darüber hinaus W. *Näf*, Die europäische Staatengemeinschaft in der neueren Geschichte, und Hans *Rothfels*, Sozialstruktur und Außenpolitik, in: Das Vergangene und die Geschichte. Festschrift für Reinhard Wittram zum 70. Geburtstag, Göttingen 1973, 13 - 22.

[2] *O. Hintze*, Machtpolitik und Regierungsverfassung, 428. Vgl. auch G. *Schmoller*, Das Merkantilsystem in seiner historischen Bedeutung, hier 45 f. und 55; „Der kommerzielle Wettstreit", führt er im einzelnen aus, „artete schon im Frieden in einen halben Kriegszustand aus, stürzte die Nationen in immer neue Kriege und gab allen Kriegen eine Richtung auf Handel, Gewerbe und Kolonialerwerb, wie sie eine solche aus verschiedenen Gründen in dem Maße weder früher noch später besaßen" (47; vgl. auch 50 - 56). Ich will diese Tendenz nicht leugnen, aber doch unterstreichen, daß „die ganze äußere Politik der Staaten" — zumindest in den kontinentaleuropäischen Zusammenhängen — nicht nur von wirtschaftlichen und handelspolitischen Faktoren beherrscht worden ist. Vielmehr tritt hier eine Machtpolitik zutage, zu deren klassischem Instrumentarium an erster Stelle der Erwerb von Territorien gehörte. Und in dieser Hinsicht gewinnen die großen Erbfolgekrisen eine überragende Bedeutung.

[3] *O. Hintze*, Wirtschaft und Politik im Zeitalter des modernen Kapitalis-

in wechselnden Allianzgruppierungen, mit dem Anhang von kleineren Staaten, stehen dauernd einander gegenüber, in einer Atmosphäre beständiger Rivalität, alle gerüstet und zum Kriege bereit. Denn der Krieg ist durchaus die ultima ratio der neuen Staatsräson." Er ist „das große Schwungrad für den gesamten politischen Betrieb des modernen Staates"[4].

Nun ist die Rivalität unter den Mächten des *ancien régime*, „diese dauernde Gespanntheit der politischen Lage"[5], deren Folge eine nicht abreißende Kette militärischer Konflikte gewesen ist, immer wieder als eine Konstellation beschrieben worden, die ausschließlich von fürstlicher Laune und der Willkür einzelner Regenten geprägt erscheint: Faktoren jedenfalls, die jenseits politischer wie rechtlicher Rationalität in einer Sphäre der Beliebigkeit angesiedelt sind und sich demzufolge dem analytischen Zugriff entziehen. Dabei lassen sich — fast möchte man sagen: natürlich — Strukturmerkmale absolutistischer Herrschaftsausübung auch im Bereich der Kriegs- und Mächtepolitik nachweisen, die über individuelle Motivationen, wie sie etwa bei Friedrich dem Großen offensichtlich sind, hinausreichen[6]. Ich teile nicht den Optimismus Ran-

---

mus, 435, und ders., Staatsverfassung und Heeresverfassung, 69. Vgl. ferner *H. Heller*, Staatslehre, 130 f.

[4] *O. Hintze*, Wesen und Wandlung des modernen Staats, 480. So habe auch die soziale Schichtung, sagt er an anderer Stelle, „die man in der Regel auf rein innere Ursachen zurückführt, ihre Wurzel in den großen Weltverhältnissen, in denen die einzelnen Staaten ihre Stellung zueinander genommen haben, und es ist in erster Linie Machtpolitik, was die soziale Struktur der Staaten maßgebend beeinflußt hat"; vgl. den Aufsatz Machtpolitik und Regierungsverfassung, 438 (Zitat), 428 f. und 432, und die frühe Abhandlung von 1902: Staatenbildung und Verfassungsentwicklung, 48 f.
Daß Krieg und Kriegführung unmittelbare Folgen für die Gestaltung des inneren Staatsausbaus hatten, erscheint unbestreitbar auch angesichts der Steuerpraxis des frühmodernen Fürstenstaates. „Die Soziologie des Finanzwesens", schreibt Rudolf Goldscheid, „fällt zum größten Teil mit der Soziologie des Krieges zusammen". Man könnte ohne Übertreibung sagen, heißt es an anderer Stelle, „daß in keiner Phase der Geschichte irgendeine neue Steuer von Bedeutung, irgendeine tiefgreifende Umgestaltung des Zollwesens oder irgendeine sonstige öffentliche Finanzmaßnahme von Bedeutung ins Leben tritt, die nicht eine unmittelbare Kriegsfolge gewesen wäre oder Rüstungsausgaben ihre Entstehung verdankte. [...] Die ‚gerechte' Steuer und der ‚gerechte' Krieg, sie haben eine gemeinsame soziale und rationale Wurzel"; vgl. im einzelnen *Rudolf Goldscheid*, Staat, öffentlicher Haushalt und Gesellschaft. Wesen und Aufgabe der Finanzwissenschaft vom Standpunkte der Soziologie, in: Handbuch der Finanzwissenschaft, hrsg. von Wilhelm Gerloff und Franz Meisel, Bd. 1, Tübingen 1926, 146 - 184, hier 149. Vgl. ferner *Gustav Schmoller*, Historische Betrachtungen über Staatenbildung und Finanzentwicklung, in: Jahrbuch für Gesetzgebung, Verwaltung und Volkswirtschaft NF 33 (1909), 1 - 64, hier 6 f., 12 - 16 und öfter, und *Fritz Karl Mann*, Beiträge zur Steuersoziologie, in: Finanzarchiv NF 2 (1934), 281 - 314, hier bes. das Kapitel: Krieg und Besteuerung, 287 - 292.

[5] *O. Hintze*, Staatsverfassung und Heeresverfassung, 69.

[6] Vgl. dazu die grundlegenden Ausführungen von *Theodor Schieder*, Struk-

I. Das Problem

kes, daß die Kriege im Zeitalter der „Großen Mächte" eine durchaus konstruktive Lebensäußerung der europäischen Staatengemeinschaft gewesen sind. Ich bin nicht der Meinung, daß „das grausame, nicht enden wollende Spiel von Blut und Tränen, von Selbstzerfleischung im Widerstreit der Mächtigen, von tausenden anonymer Opfer" einbezogen werden kann „in die Dialektik eines sinngeformten Prozesses der europäischen Geschichte"[7]. Doch stellt sich die Frage, ob die Staatenkriege des Absolutismus nur aus Lust und Leidenschaft der Fürsten geführt worden sind, wie es die Kritiker der Aufklärung schon wahrhaben wollten[8].

Gewiß hatte sich ein grundlegender Wandel einer Epoche gegenüber vollzogen, in der man wie der kursächsische Kanzler Melchior von Osse (1506 - 1557) der Auffassung war, daß heidnischer Kriegsruhm verwerflich sei, weil daraus „gemeinlich nichts anderes dan todtschleg, mord, brand, raub, frauen und jungfrauen-enschwechung und vorderb reicher und armer leut und alles ubel erfulgt, will geschweigen, daß bisweilen auch dordurch die Religion ausgerottet oder gehindert, die predigtstul vorwust, alle zucht und disciplin aufgelost wird und eine freche junge jugend aufkomt, die langsam wider zu recht kan bracht werden"[9]. Aber

---

turen und Persönlichkeiten in der Geschichte, zuletzt in: ders., Geschichte als Wissenschaft. Eine Einführung. München 1965, 149 - 186, hier bes. 158 ff.

[7] *F. Wagner*, Europa um 1700 — Idee und Wirklichkeit, 296 f.

[8] Es hat den Anschein, als wenn in Vorstellungen dieser Art noch die strenge Trennung des moralisch unantastbaren Innenraums der Staaten von den auswärtigen Beziehungen nachwirke, die den Vertretern des Naturrechts und der Aufklärung suspekt erschien und zum Verdikt über die fürstliche Machtpolitik des Absolutismus maßgeblich beigetragen hat. Eindringliche Überlegungen zu diesem Fragenkomplex finden sich bei *Reinhart Koselleck*, Kritik und Krise. Ein Beitrag zur Pathogenese der bürgerlichen Welt, 2. Aufl. Freiburg - München 1969, 33 - 39, hier bes. 38 f. Vgl. darüber hinaus auch *K. v. Raumer*, 1648/1815: Zum Problem internationaler Friedensordnung im älteren Europa, hier 119 f.
Friedrich der Große verwahrte sich in seinem „Examen de l'essai sur les préjugés" von 1770 energisch gegen die Anklage Holbachs, daß die Fürsten ihre Völker als Schlachtopfer in den Krieg führten, um sich die Langeweile zu vertreiben; vgl. Oeuvres de Frédéric le Grand 9 (1848), 142. Doch vermochte er sich andererseits die Ursachen der Kriege nur aus den Leidenschaften der Menschen zu erklären. So äußerte er sich 1775 in einer — wie mir scheint — grundsätzlich zu wertenden Sentenz der Kurfürstinwitwe Maria Antonia von Sachsen gegenüber: „Mais sans s'alambiquer l'esprit à chercher les causes de la guerre, on les trouve dans les passions des hommes, surtout quand ces passions sont vives et qu'ils ont les moyens de les contenter"; Politische Correspondenz Friedrichs des Großen 36 (1914), 390 Nr. 23787. „Joignez à cela", heißt es darüber hinaus in einem Brief vom 13. Februar 1767 an Prinz Heinrich, „l'inquiétude, qui est dans l'esprit de la plupart des hommes, de l'ambition et des vues d'intérêt: voila plus qu'il n'en faut pour faire répandre des flots de sang jusqu'aux siècles les plus reculés"; Politische Correspondenz 26 (1900), 73 Nr. 16513.

[9] *Oswald Artur Hecker* (Hrsg.), Schriften Dr. Melchiors von Osse, mit einem Lebensabriß und einem Anhange von Briefen und Akten. (Schriften der Sächsischen Kommission für Geschichte 26), Leipzig - Berlin 1922, 277. Zum Ver-

es bleibt dennoch zu prüfen, ob im Zeitalter der absolutistischen Fürstenstaaten an die Stelle einer christlichen Staatsethik, die dem Krieg ohne Zweifel mit größter Reserve gegenüberstand, die reine Fürstenwillkür getreten war. Zu fragen ist, ob die Kriege des 17. und 18. Jahrhunderts wirklich ein „Sport der Könige" gewesen sind, wie Arnold Toynbee sich auszudrücken beliebt[10].

Ich will nun die außerordentliche Wirkung der „großen Weltverhältnisse" auf die innere Verfassung der Staaten, der Hintze mit Recht eine so nachhaltig prägende Funktion beigemessen hat, keineswegs in Abrede stellen. Doch sollte nicht übersehen werden, daß umgekehrt auch die inneren Verhältnisse des absolutistischen Fürstenstaates ihre Wirkung auf die Mächtepolitik, d. h. die Beziehungen der Staaten untereinander, ausgeübt haben. Jedenfalls möchte ich im folgenden den Nachweis zu führen versuchen, daß die an Erbfolgeregelungen und Fundamentalgesetzen ablesbare Systemrationalität des monarchischen Absolutismus ein außenpolitisches Konfliktpotential von eminenter Bedeutung dargestellt hat. Denn im selben Maße, wie die ausschließlich dynastische Grundlage, auf der der Staat ruhte, zur Verfassungsnorm verabsolutiert wurde, beschwor jede Krise der Dynastie zugleich auch eine Krise des Staatswesens in seiner Gesamtheit und damit beinahe zwangsläufig auch die Auseinandersetzung mit auswärtigen Mächten herauf.

Nun ist zuzugeben, daß Erbfolgekriege als typische und immer wiederkehrende Erscheinungsform zwischenstaatlicher Konflikte nicht auf das 17. und 18. Jahrhundert beschränkt sind. Vielmehr hat es sie mit strukturbedingter Notwendigkeit auch außerhalb der europäischen Staatenwelt überall dort gegeben, wo ein — wie immer im einzelnen beschaffenes — dynastisches Herrschaftssystem in eine Krise geraten ist. Gleichwohl tritt die Problematik der Erbfolgekriege erst im Zeitalter des monarchischen Absolutismus beherrschend in den Vordergrund. Denn nun erlangte das Prinzip dynastischer Legitimität ein solches Gewicht, daß aus der Erbberechtigungsfrage jedes Hauses eine Haupt- und Staatsaktion der gesamten europäischen Politik wurde, zu deren Instrumentarium mehr denn je der militärische Konflikt gehörte.

Die absolute Monarchie wies demnach ungeachtet der zusammenfassenden und staatsbildenden Kraft, die ihr im 17. Jahrhundert den Vorrang vor anderen Herrschaftsformen verschafft hatte, systembedingte Schwächen auf, die sie mit einer gewissen Zwangsläufigkeit immer wieder in außenpolitische Verwicklungen stürzen mußte. Es waren die in-

---

hältnis von Krieg und Frieden im Denken der frühen Neuzeit vgl. *K. v. Raumer*, 1648/1815: Zum Problem internationaler Friedensordnung im älteren Europa, hier bes. 120 ff.

[10] *Arnold Toynbee*, A Study of History 4, London 1939, 144.

neren Krisen eines verabsolutierten Fürstenstaates, welche die Mächtepolitik des *ancien régime* beherrschten und die Voraussetzungen für die großen Umverteilungen der politischen Gewichte in Europa schufen. Sie stellten Länder und Territorien als „erledigt" zur Disposition, deren politischer und rechtlicher Zusammenhalt lediglich in einer dynastischen Klammer bestand. Denn ein Staatsvolk kannte der Absolutismus nur unter der merkantilistischen Kategorie der Population, es war die vorgegebene Grundlage der Staatsmacht, die Masse der Untertanen, deren Nationalität und Sprache kein Element der Staatsräson darstellte. Die staatliche Gemeinschaft war noch keine lebendige Funktion einer sich selbst bewußten Nation, noch nicht Träger einer Idee des Volkes, sondern ein überaus artifizielles, in sich keineswegs konsistentes Machtgebilde, die Schöpfung einer Dynastie, deren primärer Bezugspunkt Ansehen und Rang im System der Mächte war.

Die Macht- und Kriegspolitik des Absolutismus kann demzufolge nicht nur als das *divertissement* machthungriger oder gelangweilter Fürsten betrachtet werden. Vielmehr scheint es mir unerläßlich, die verfassungsbedingten Ursachen der Machtkämpfe des 17. und 18. Jahrhunderts einmal in ihrer ganzen Tragweite in Betracht zu ziehen und damit einen neuen Ansatz für die *Geschichte der Haupt- und Staatsaktionen* des *ancien régime* zu gewinnen. Denn ebenso wie generell der Krieg nicht losgelöst betrachtet werden kann von der politischen Verfaßtheit der jeweiligen kriegführenden Staaten, so sind auch die militärischen Konflikte des *ancien régime* nur vor dem Hintergrund der spezifischen Verfassungsverhältnisse des absolutistischen Herrschaftsstaates in ihrer historischen Eigentümlichkeit zu begreifen. „Der Krieg", sagt Clausewitz, „gehört nicht in das Gebiet der Künste und Wissenschaften, sondern in das Gebiet des gesellschaftlichen Lebens". Er ist aufs engste verflochten mit der Politik. Denn „sie ist der Schoß, in welchem sich der Krieg entwickelt; in ihr liegen die Lineamente desselben schon verborgen angedeutet wie die Eigenschaften der lebenden Geschöpfe in ihren Keimen"[11].

Insofern also: Zur Genese von Staatenkonflikten im Zeitalter des Absolutismus. Es geht um die Akzentuierung eines zentralen Aspekts neuzeitlicher Machtpolitik, um die gedankliche Durchdringung einer auf den ersten Blick völlig disparat erscheinenden Wirklichkeit[12]. Dabei

---

[11] *C. von Clausewitz*, Vom Kriege, 303. — Ohne Belang für meine Fragestellung ist das Buch von *Geoffrey Blainey*, The Causes of War, London 1973, desgleichen die große Untersuchung von *Gaston Bouthoul*, Traité de Polémologie. Sociologie des guerres, Paris 1970.
[12] Vgl. dazu grundsätzlich *Th. Schieder*, Der Typus in der Geschichtswissenschaft, zuletzt in: ders., Staat und Gesellschaft im Wandel unserer Zeit. Studien zur Geschichte des 19. und 20. Jahrhunderts, 3. Aufl. München 1974, 172 - 187.

wird — um noch einmal auf Hintze zu verweisen — vorausgesetzt, daß die „Seele des modernen Staatskörpers der Wille zur Macht" ist[13], durch den auch dem Staatensystem harte und unauslöschliche Züge eingeprägt worden sind. Es besteht kein Zweifel, daß die alles bewegende Kraft das Gesetz des Machtprestiges, der Machtexpansion und der Durchsetzungswille der Dynastien gewesen ist. Es war, wie Jakob Burckhardt treffend formuliert hat, die Fiktion dieser Absolutismen, Macht für Glück zu halten und sich vergrößern zu müssen[14]. Die Erfahrung lehre, schreibt Max Weber, „daß Prestigeprätentionen von jeher einen schwer abzuschätzenden, generell nicht bestimmbaren, aber sehr fühlbaren Einschlag in die Entstehung von Kriegen gegeben haben: ein Reich der ‚Ehre', ‚ständischer' Ordnung vergleichbar, erstreckt sich auch auf die Beziehungen der politischen Gebilde untereinander"[15]. So muß der Versuch, die große Politik der Kabinette auf kausale Zusammenhänge hin zu untersuchen, letzten Endes von Machtimpulsen ausgehen, die eigenen — individuellen wie kollektiven — Gesetzmäßigkeiten unterliegen.

---

[13] *O. Hintze*, Machtpolitik und Regierungsverfassung, 429; ders., Staat und Gesellschaft unter dem ersten König, in: ders., Regierung und Verwaltung. Gesammelte Abhandlungen zur Staats-, Rechts- und Sozialgeschichte Preußens, 2. Aufl. hrsg. von G. Oestreich, Göttingen 1967, 313 - 418, hier 382, und W. *Näf*, Die europäische Staatengemeinschaft, 16 - 20.

[14] *Jakob Burckhardt*, Historische Fragmente, hrsg. von Emil Dürr, Stuttgart 1957, 206. Es mag an dieser Stelle genügen, nur einen Beleg für die Richtigkeit der These Burckhardts anzuführen. So schreibt Friedrich der Große in seinen „Considérations sur l'état présent du corps politique de l'Europe" von 1738: „Der stehende Grundsatz der Herrscher — ‚le principe permanent des princes' — ist, sich zu vergrößern, soweit ihre Macht es gestattet. Die Art der Vergrößerung ist zwar Modifikationen unterworfen und wechselt unendlich, je nach der Lage des Staates, den Kräften der Nachbarn und der Gunst jeweiliger Umstände. Gleichwohl steht das Prinzip als solches fest, und die Fürsten lassen es nie fallen. Ihr angeblicher Ruhm steht auf dem Spiel — kurz, sie müssen sich vergrößern"; vgl. den französischen Originaltext in: Oeuvres de Frédéric le Grand 8 (1848), 15.

[15] *M. Weber*, Wirtschaft und Gesellschaft, 520.

II. Machtstabilisierung durch Erbfolgeregelung
Zum Wandel dynastischer Herrschaftslegitimation im 17. und 18. Jahrhundert

Die Frage, der es sich zunächst zuzuwenden gilt, lautet: Welcher Instrumente haben sich die europäischen Dynastien des 17. und 18. Jahrhunderts bedient, um die innere Konsolidierung ihrer Staaten voranzutreiben? Welche Schritte haben sie unternommen, um Funktionsfähigkeit und Systemrationalität dynastischer Herrschaft sicherzustellen und zu verbessern?

Ich möchte mich bei der Beantwortung dieser Fragen an die dänische Lex Regia von 1665 halten, — ein Dokument, das der zum „Jungen Deutschland" zählende Ludolf Wienbarg als eines der „piramidalen Kunstwerke des Absolutismus" bezeichnet hat[16]. Und in der Tat ist das Ergebnis der fundamentalen Umgestaltung der Verfassungsverhältnisse in Dänemark in der kurzen Zeitspanne nach Beendigung des Nordischen Krieges jenen italienischen Staatsbildungen ähnlich, von denen Jakob Burckhardt das Wort vom „Staat als Kunstwerk", als „bewußte, von der Reflexion abhängige, auf genau berechneten Grundlagen ruhende Schöpfung", geprägt hat[17]. Denn auch in der dänischen Verfassungskrise von 1660, als deren Abschluß die Formulierung der Lex Regia zu betrachten ist, war ein hohes Maß an abwägender Rationalität, an theoretischem nicht weniger als praktischem Spürsinn am Werk, wie überhaupt der Vorgang der Kodifizierung monarchischen Verfassungsrechts als Indikator für das Bemühen angesehen werden kann, den Staat auf ein theoretisch durchdachtes, in sich schlüssiges und auf Prinzipien gegründetes Fundament zu stellen und damit Staatlichkeit im modernen Sinne überhaupt zu konstituieren. Hier ist vor dem Hintergrund eines den Staat in seinen Grundfesten erschütternden Krieges der Versuch unternommen worden, unter Rückgriff auf die staatstheoretische Debatte der Zeit Wesen und Inhalt absoluter Herrschergewalt als historische Notwendigkeit zu legitimieren und in kodifizierter Form in der Wirklichkeit des Staatswesens zu verankern.

---

[16] *Ludolf Wienbarg*, Das dänische Königsgesetz oder das in Dänemark geltende Grundgesetz. In historischer Beleuchtung und zur Inbetrachtnahme für die Fragen der Gegenwart, Hamburg 1847, 108.

[17] *J. Burckhardt*, Die Kultur der Renaissance in Italien. (Gesamtausgabe 5), Berlin - Leipzig 1930, 65.

II. Machtstabilisierung durch Erbfolgeregelung

Wohl kaum ein zweiter Text ist deshalb wie dieser geeignet, die inneren Bindungen aufzudecken, die der monarchische Herrschaftsstaat im Zeitalter des Absolutismus bei allem Pochen auf seine unumschränkte Souveränität eingehen mußte, um den Fortbestand der Monarchie festzuschreiben und zu sichern. Dabei soll hier weniger die dänische Entwicklung als solche in Betracht gezogen, sondern authentisch dokumentiert werden, welche staats- und verfassungsrechtlichen Grundlagen für den absolutistischen Fürstenstaat insgesamt maßgeblich waren.

Das am 14. November 1665 auf dem königlichen Schlosse zu Kopenhagen ausgefertigte „Kongelov" König Friedrichs III. von Dänemark (1648 - 1670)[18] ist in die Form einer nach klassischem Urkundenschema abgefaßten Promulgatio gekleidet, obwohl es ursprünglich nicht zur Veröffentlichung bestimmt war und deshalb mehr den Charakter jener als „arcana imperii" betrachteten Hausgesetze trägt, wie sie allenthalben in Europa in der Absicht aufgezeichnet und erlassen worden sind, die Erbfolgefrage im Rahmen der Dynastie zu regeln[19]. Das Kongelov ist

---

[18] *Knud Fabricius*, Kongeloven. Dens tilblivelse og plads i samtidens natur- og arveretlige udvikling, Nachdruck der 1. Aufl. von 1920, Kopenhagen 1971; *Aage Friis* u. a. (Hrsg.), Schultz' Danmarkshistorie 3, 2. Aufl. Kopenhagen 1942; *Carl O. Bøggild-Andersen*, Statsomvaeltningen i 1660. Kritiske studie over kilder og tradition, Nachdruck der 1. Aufl. von 1936, Kopenhagen 1973. Der Text selbst mit den dazugehörenden Dokumenten bei *A. D. Jørgensen* (Hrsg.), Kongeloven og dens Forhistorie. Aktstykker udg. af Rigsarkivet, Nachdruck der 1. Aufl. von 1886, Kopenhagen 1973. Den folgenden Ausführungen liegt die vorzügliche Übersetzung von *Theodor Olshausen* zugrunde: Das Dänische Königsgesetz, das ist das fortwährend geltende Grundgesetz für das Königreich Dänemark, nach der Dän. officiellen Ausgabe übersetzt und mit einer historischen Einleitung und einer Schlußbemerkung versehen von *Theodor Olshausen*, Eutin - Kiel 1838. Vgl. ferner *Johannes Krumm*, Lex Regia. Das Dänische Königsgesetz von 1665, in: Nordelbingen 4 (1925), 42 - 63, hier bes. 42 - 50; *Ernst Ekman*, Das dänische Königsgesetz von 1665 (1957), zuletzt in deutscher Übersetzung, in: Walther Hubatsch (Hrsg.), Absolutismus. (Wege der Forschung 314), Darmstadt 1973, 223 - 237, und *D. Gerhard*, Probleme des dänischen Frühabsolutismus, 269 - 292. Besonders sei darüber hinaus auf die kürzlich erschienene Arbeit von *K. Krüger*, Absolutismus in Dänemark — ein Modell für Begriffsbildung und Typologie, hingewiesen. Da im Anhang dieses Aufsatzes die Texte der Erb- und Alleinherrschafts-Akte von 1661 und der Lex Regia in der Übersetzung von Theodor Olshausen wieder abgedruckt sind und demnach leicht zugänglich sein dürften, kann ich mich im folgenden darauf beschränken, die Lex Regia nur mit Angabe der Paragraphen zu zitieren.
Über den Verfasser der Lex Regia, den rechtsgelehrten Staatsmann Peter Schumacher, vgl. *Knud Fabricius*, Peter Schumacher, Kopenhagen 1910. Schumacher, später als Graf von Griffenfeld in den Adelsstand erhoben, war seit 1673 dänischer Staatskanzler. 1676 wurde er wegen Hochverrats angeklagt. Er starb 1699 im Alter von 64 Jahren in Trondheim.

[19] Deshalb handele es sich bei diesem Gesetzwerk, schreibt Horst Dreitzel, strenggenommen gar nicht um eine lex regia „im Sinne des Corpus juris und seiner Glossatoren, deren Begriffsbildung für das jus publicum und die Politische Wissenschaft verbindlich waren. Denn während „lex regia" dort jenes einmalige Gesetz bedeutet, mit dem die souveräne Volksversammlung die gesamte Staatsgewalt auf den „Monarchen" und seine Erben überträgt,

II. Machtstabilisierung durch Erbfolgeregelung

erst bei der Thronbesteigung von Friedrichs Nachfolger Christian V. am 9. Februar 1670 in der mündlich-rechtssymbolischen Form eines Staatsaktes im Geheimen Rat und dann noch einmal bei der Krönung des Königs in der Schloßkirche von Frederiksborg verlesen worden, bevor es mit königlichem Patent vom 4. September 1709 durch Friedrich IV. im vollen Wortlaut publiziert und damit auch öffentlich zum Staatsgrundgesetz erhoben worden ist[20]. Adressat dieses „rechten, unveränderlichen Fundamental-Gesetzes" waren demnach — das ist bei aller unbestreitbar grundsätzlichen Bedeutung des Dokuments nicht aus dem Auge zu verlieren — zunächst einmal die Angehörigen des königlichen Hauses und deren engste Berater. Und dennoch besteht kein Zweifel, daß in diesem Gesetzeswerk mehr als nur die Angelegenheiten einer Dynastie geregelt werden sollten.

---

war der Gesetzgeber der dänischen Lex regia der König selbst, der sich — nach seiner Auffassung — schon im Besitz der Souveränität befand". Dreitzel äußert im Anschluß an eine bemerkenswerte Analyse der Vorgänge nach 1657 die Vermutung, daß die Bezeichnung des Gesetzeswerkes von 1665 als lex regia zu den taktischen Schritten gehöre, mit denen Friedrich III. und sein Kanzler Peter Schumacher die „absolutistische Revolution" durchführten; vgl. *H. Dreitzel,* Protestantischer Aristotelismus und absoluter Staat. Die „Politica" des Henning Arnisaeus (ca. 1575 - 1636), 408 f. Vgl. zum Begriff „Lex Regia" ferner *H. Quaritsch,* Staat und Souveränität Bd. 1: Die Grundlagen, 139 ff.; *D. Wyduckel,* Princeps Legibus Solutus, 163 - 168 und öfter; zur staatsrechtlichen Terminologie des 17. Jahrhunderts *Hermann Hegels,* Arnold Clapmarius und die Publizistik über die arcana imperii im 17. Jahrhundert, Bonn 1918, und die Arbeit von *Günter Barudio,* Absolutismus — Zerstörung der „Libertären Verfassung". Studien zur „Karolinischen Eingewalt" in Schweden zwischen 1680 und 1693. (Frankfurter Hist. Abhandlungen 13), Wiesbaden 1976; zur Beurteilung des dänischen „Umsturzes" von 1665 bes. 27 - 43.

Zur Gattung der Hausgesetze *Johann Christian Majer,* Allgemeine Einleitung in Privat-Fürstenrecht überhaupt, Tübingen 1783, hier bes. 159 ff., und das grundlegende Quellenwerk von *H. Schulze,* Die Hausgesetze der regierenden deutschen Fürstenhäuser.

[20] Der Text wurde 1708 - 1709 für einen kleinen Kreis von Hof- und Landesbeamten und eine Anzahl auswärtiger Höfe mit aufwendigem ornamentalem Schmuck zu Titel und jedem der 19 Blätter von Michael August Roeg in Kupfer gestochen und unter dem folgenden Titel veröffentlicht: Lex Regia, Det er: Den Souveraine Kongelov, sat og given af den Stoormegtigste Höfbaarne Fyrste og Herr, Herr Friderich den Tredje, af Guds Naade, Kongetil Danmark og Norge, de Wendres og Gothers, Hertug udi Schlesvig, Holsten etc.; og af Haus Maj. underskreven den 14. Novemb. 1665. Som Friderich den Fierde... ved offentlig Tryk at vorde publiceret den 4. Sept. 1709. Vgl. im einzelnen *K. Fabricius,* Kongeloven (Anm. 18), 357 ff. Über den Kupferstecher Roeg vgl. *Thieme-Becker,* Allgemeines Lexikon der bildenden Künste 28, Leipzig 1934, 483 f. — Das Publikationspatent vom 4. 9. 1709 in deutscher Übersetzung bei *L. Wienbarg,* Das dän. Königsgesetz (Anm. 16), 76 - 84.

Auch die Pragmatische Sanktion Kaiser Karls VI., auf die später noch einzugehen sein wird, wurde am 19. April 1713 im Rahmen eines feierlichen Staatsaktes einer Versammlung von Geheimen Räten und Hofkanzlern verlesen und dann in Form einer notariellen Beurkundung promulgiert; vgl. *Gustav Turba* (Hrsg.), Die Pragmatische Sanktion. Authentische Texte samt Erläuterungen und Übersetzungen, Wien 1913, VII ff.

II. Machtstabilisierung durch Erbfolgeregelung

Von höchstem Interesse ist zunächst die Präambel, die in ihren staatsrechtlichen Kernstücken mit jener „Erb-Alleingewalts-Akte" übereinstimmt, die bereits unter dem Datum des 10. Januar 1661 den drei Kurien des Reichstags zur Unterzeichnung vorgelegt worden war[21]. Ich fasse den Gedankengang in großen Zügen zusammen: „Nachdem wir — der König — nicht nur durch das Beispiel anderer, sondern am eigenen Leib erfahren haben, wie wunderbar der große und allmächtige Gott über alle Könige und Fürsten nach dem unerforschlichen Ratschluß seiner Weisheit herrscht und die über uns, unserem königlichen Haus und unseren Königreichen schwebende Gefahr eines fast augenscheinlichen Untergangs dergestalt abgewendet hat, daß nicht nur wir errettet worden sind, sondern auch unser damaliger Reichsrat und sämtliche Stände, adlige und nichtadlige, geistliche und weltliche, dazu bewogen wurden, ihre früheren Prärogativen und Wahlrechte aufzugeben und darin einzuwilligen, die zuvor von uns unterschriebene Handfeste mit all ihren Abschriften, Punkten und Klauseln für null und nichtig zu erklären und uns in jeder Beziehung und ohne Ausnahme von unserem Eide freizusprechen, den wir beim Antritt unserer Regierung geleistet haben, und solchergestalt uns als dem Haupt und ersten Inhaber und unseren männlichen wie weiblichen, aus rechtmäßiger Ehe abstammenden Nachkommen das Erbrecht in diesen unseren Königreichen Dänemark und Norwegen mit allen Jura Majestatis, absoluter Macht, der Souveränität und allen königlichen Vorrechten und Regalien ungezwungen und ohne

---

[21] Vgl. den Text in deutscher Übersetzung bei *Ludwig Timotheus Frhr. von Spittler*, Geschichte der dänischen Revolution im Jahre 1660 (zuerst 1796 in Berlin erschienen), wiederabgedruckt in: ders., Sämmtliche Werke 5, Stuttgart - Tübingen 1828, 159 - 163, und *L. Wienbarg*, Das dänische Königsgesetz (Anm. 16), 68 - 76. Spittler schreibt zu diesem Dokument (158): „Diese neue, letzte, alles vollendende Urkunde wurde unterschrieben nach schon vollzogener Huldigung und war nun gleichsam der Kommentar, was eigentlich mit der neuen Erbhuldigung gemeint gewesen sey.
Sie ist also die Hauptakte, auf der nun die ganze unbegrenzte Macht des Königs von Dänemark ruht. Sie ist der letzte Punkt, in dem sich alles sammelte, was die Stände seit dem 18. Oktober 1660 in einzelnen Erklärungen und Huldigungen hingegeben hatten. Sie spricht vollends klar und deutlich aus, was zwar größtenteils auch schon in den bisherigen Erklärungen gelegen hatte, aber nie doch so rein und laut ausgesprochen worden war, daß es selbst alle die vernehmen konnten, die bloß das vernehmen, was Wort für Wort gesagt wird. Sie ist also auch die unmittelbarste Grundlage des dänischen Königs-Gesetzes"; vgl. auch ebd., 167 f. Ferner *K. Fabricius*, Kongeloven (Anm. 18), 196 f., und *C. O. Bøggild-Andersen*, Hannibal Sehestedt. En dansk Statsmand, 2 Bde., Kopenhagen 1946 - Aarhus 1970, hier vor allem das 3. und 4. Kapitel des 1. Bandes, 241 ff. Eine Zusammenstellung der älteren Literatur über die dänische Staatsverfassung von 1665 bei *Gottfried Achenwall*, Staatsverfassung der heutigen vornehmsten Europäischen Reiche und Völker im Grundrisse, 5. Aufl. Göttingen 1768, hier das VII. Hauptstück: Staat von Dänemark, bes. das 4. Kapitel: Staatsrecht, 501 - 510, und *Joseph Constantin Bisinger*, Vergleichende Darstellung der Staatsverfassung der europäischen Monarchien und Republiken, Wien 1818, XLVIII f. und LIV f.

jedes Zureden, Fordern und Befehlen anzutragen und zu überantworten." Bis hierhin der Bericht über die Vorgänge von 1660/1661 aus der Sicht des königlichen Gesetzgebers.

Die Vorgeschichte dieses mit der Kodifizierung der Lex Regia abgeschlossenen „Umsturzes", die im Text nur mit wenigen, die Krisenhaftigkeit der Lage jedoch deutlich umschreibenden Worten dargestellt wird, muß hier ausgeklammert werden[22]. Es muß dahingestellt bleiben, wie die Ablösung einer stark entwickelten Ständeherrschaft in der kurzen Spanne von wenigen Jahren im einzelnen verlaufen ist. Es muß übergangen werden, wie sich Schritt für Schritt das Konzept des im Kongelov schließlich festgeschriebenen absoluten Fürstenstaates herausgebildet hat[23]. Wichtig ist in unserem Zusammenhang in erster Linie, wie unter Abwägung aller wesentlichen Maximen, die in der Staatslehre des 17. Jahrhunderts verfügbar waren, der Übergang zu einer Herrschaftsform beschrieben wird, die alle klassischen Strukturmerkmale des monarchischen Absolutismus aufweist.

1. Die Entzauberung der Monarchie von Gottes Gnaden

Bemerkenswert ist in diesem Zusammenhang die außerordentliche Abschwächung des Gottesgnadentums. In der Intitulatio heißt es zwar dem alten Formelgebrauch gemäß noch: „Friedrich III., von Gottes Gnaden König zu Dänemark" usw.[24]. Und auch in der Darstellung des schließlich zur Proklamation des Erbkönigtums hinführenden Hergangs wird auf die über dem Handeln der Könige waltende Allmacht Gottes verwiesen. Aber in Artikel 16 und 18 des eigentlichen Gesetzestextes, wo von der Salbung des Königs die Rede ist, wird das Abrücken von

---

[22] Vgl. zu den Vorgängen im einzelnen etwa L. T. Frhr. von Spittler, Geschichte der dänischen Revolution; C. O. Bøggild-Andersen, Statsomvaeltningen i 1660 (Anm. 18); Erling Ladewig Petersen, La crise de la noblesse danoise entre 1580 et 1660, in: Annales. Economies — Sociétés — Civilisations 23 (1968), 1237 - 1261, in englisch auch Odense 1967, mit weiterer Literatur.

[23] Vgl. dazu zusammenfassend noch einmal D. Gerhard, Probleme des dänischen Frühabsolutismus. — Bøggild-Andersen verweist darauf, daß die Einführung der absoluten Fürstenherrschaft in Dänemark mitgeprägt worden ist durch die Eindrücke Friedrichs III. im Erzbistum Bremen. Dort lernte er die bereits zum Absolutismus fortgeschrittene Verfassung des deutschen Territorialfürstentums, eine hochentwickelte Behördenorganisation und eine ganz auf den Staat und seinen Monarchen ausgerichtete Zentralverwaltung kennen. Vgl. C. O. Bøggild-Andersen, Besprechung des Buches von Ludwig Andresen und Walter Stephan, Beiträge zur Geschichte der Gottorffer Hof- und Staatsverwaltung von 1544 - 1659. (Quellen und Forschungen zur Geschichte Schleswig-Holsteins 14/15), 2 Bde., Kiel 1928, in: Historisk Tidsskrift X/3 (Kopenhagen 1936), 464 - 479.

[24] Die Untersuchung von Jack Autrey Dabbs, Dei Gratia in Royal Titels, The Hague - Paris 1971, bringt zu den hier angestellten Überlegungen keine weiterführenden Aspekte.

II. Machtstabilisierung durch Erbfolgeregelung

einer Herrschaftslegitimation aus göttlichem Recht mit aller Deutlichkeit sichtbar. Obwohl künftig, heißt es in § 16, im selben Augenblick, „wenn ein König mit dem Tode abgeht, dem nächsten in der Erblinie Krone, Zepter, Titel und Macht eines Alleinherrschafts-Erbkönigs gehört und deshalb keine weitere Übertragung in irgendeiner Form vonnöten ist[25], so wollen wir nichts desto weniger auch, daß der König sich öffentlich in der Kirche salben lasse, damit alle Welt wisse, daß die Könige zu Dänemark und Norwegen es für ihre größte Hoheit halten,

---

[25] Ähnlich auch § 15 der Lex Regia. Es sollte künftig davon ausgegangen werden, heißt es im einzelnen, daß das Reich niemals ohne König sei, „solange unsere herabsteigende Linie dauert [...], so daß, sobald ein König mit Tode abgeht, derjenige, den die Erblinie als den nächsten ausweist, alsbald wirklich und in der Tat selbst König ist [...] in demselben Augenblick, in welchem sein Vorgänger den Geist aufgibt".
Unverkennbar wird hier auf den in Frankreich bereits seit dem 16. Jahrhundert fest verbürgten Grundsatz Bezug genommen, der von der Vorstellung ausgeht, daß — solange ein erbberechtigter Thronfolger vorhanden ist — der Thron niemals vakant sein kann. „Le roi ne meurt jamais", heißt es hier, oder: „Le roi est mort, vive le roi!" Durch den Tod des Königs, nicht etwa durch den Akt der Weihe, wird der Nachfolger sofort und eo ipso König. Er tritt aus selbständigem Recht in die Regierung. „Die ganze Dynastie", sagt *Johann Kaspar Bluntschli* im zweiten Teil seines „Allgemeinen Staatsrechts", 6. Aufl. Stuttgart 1885, 158, „innerhalb welcher die Folge genauer reguliert ist, erscheint so in ununterbrochenem Zusammenhange als ein Körper, aus welchem nach bestimmter Ordnung das Staatsoberhaupt immer wieder hervorgeht, so oft der Tod den jetzigen Monarchen dahinrafft". Vgl. ferner *Robert Holtzmann*, Französische Verfassungsgeschichte von der Mitte des 9. Jahrhunderts bis zur Revolution, Nachdruck der Ausgabe von 1910, Darmstadt 1965, 180 und 311; *Percy Ernst Schramm*, Der König von Frankreich. Das Wesen der Monarchie vom 9. zum 16. Jahrhundert. Ein Kapitel aus der Geschichte des abendländischen Staates, 2 Bde., 2. Aufl. Darmstadt 1960, 226 f. und 259 - 261; *André Lemaire*, Les lois fondamentales de la monarchie française d'après les théoriciens de l'ancien régime, Paris 1907, für das 16. und 17. Jahrhundert bes. 71 - 196, und *Ralph E. Giesey*, The Juristic Basis of Dynastic Right to the Throne, Philadelphia 1961.
Anders war der Übergang der Herrschaft in England geregelt. Hier trat der vollständige Erwerb der Königswürde erst mit der Krönung ein. Die Herrscherweihe war also konstitutiv für den vollen Erwerb des königlichen Amtes, sie war tatsächlich Sakralrecht, nicht nur bloße Zeremonie. Vgl. im einzelnen *Julius Hatschek*, Das Staatsrecht des Königreichs Großbritannien-Irland, Tübingen 1914, 88; *John Neville Figgis*, The Divine Right of Kings, 2. Aufl. Cambridge 1914, hier bes. 81 ff.; *P. E. Schramm*, Geschichte des englischen Königtums im Lichte der Krönung, Nachdruck der Ausgabe von 1937, Darmstadt 1970, 96 ff.; *H. Liermann*, Untersuchungen zum Sakralrecht des protestantischen Herrschers, hier bes. 76 - 85; *Gerhard A. Ritter*, Divine Right und Prärogative der englischen Könige 1603 - 1640, zuletzt in: ders., Parlament und Demokratie in Großbritannien. Studien zur Entwicklung und Struktur des politischen Systems, Göttingen 1972, 11 - 58, und *John Plamenatz*, Divine Right and Absolute Monarchy, in: ders., Man and Society. A Critical Examination of Some Important Social and Political Theories from Machiavelli to Marx, London 1977, 155 - 208.
Zur Entwicklung der Königsherrschaft in Osteuropa vgl. *Manfred Hellmann* (Hrsg.), Corona Regni. Studien über die Krone als Symbol des Staates im späteren Mittelalter. (Wege der Forschung 3), Darmstadt 1961.

1. Die Entzauberung der Monarchie von Gottes Gnaden

sich vor Gott zu demütigen und es für ihre höchste Macht und Gewalt erachten, von Gott durch die Diener seines Wortes zu einem glücklichen Antritt ihrer Regierung gesegnet zu werden". „Ein gezeugter und geborener, nicht aber gekürter und gewählter König", heißt es dann in Artikel 18 im einzelnen, könne das feierliche Fest seiner Salbung halten lassen, wann es ihm gefalle, selbst wenn er die Volljährigkeit noch nicht erreicht haben sollte. Doch sei es ratsam, Gottes Segen und den Beistand des Herrn je früher desto besser zu erlangen. Was indessen die Zeremonien betreffe, so könne es damit gehalten werden, wie es sich bei Gelegenheit am bequemsten einrichten lasse.

Gewiß muß bei dieser überaus vorsichtigen und jede Festlegung vermeidenden Maßregel die Tatsache gewürdigt werden, daß es gerade Friedrich III. war, der den politisch-funktionalen Charakter des Krönungszeremoniells im Sinne einer Begrenzung der königlichen Prärogative selbst noch einmal nachdrücklich erfahren hatte. Denn es ist bemerkenswert, daß dem „Umsturz" von 1660 in Dänemark eine Verschärfung der durch den Reichsrat repräsentierten Adelsherrschaft vorausging, die ihren Ausdruck nicht nur in einer die ständische Mitsprache erheblich erweiternden Wahlkapitulation gefunden hat, sondern auch in der Krönung Friedrichs III.[26]. Er hatte also ganz persönlich allen Grund,

---

[26] *Johann Christian Lünig* berichtet in seinem „Theatrum Ceremoniale historico-politicum, oder Historisch- und Politischer Schau-Platz aller Ceremonien, welche bey Päbst- und Kayser- auch Königlichen Wahlen und Crönungen... beobachtet worden", 2 Bde., Leipzig 1719/20, hier Bd. 1, 1385 f., über die Krönung Friedrichs III. am 23. November 1648 im einzelnen: „Darauf wurde dem Bischof (von Seeland) die Crone geliefert, welche er Ihrer Majestät aufgesetzet, und dann deroselben das Scepter und das Schwert überreicht... Wie solches geschehen, traten die Herren Reichs-Räthe sämtlich zu Ihrer Majestät, legten ihre Hände auf deroselben Haupt und Crone, damit andeutend, daß nunmehro sie dero Haupt und Crone seyn solle." In bemerkenswertem Gegensatz dazu steht das Zeremoniell der Krönung Christians V. vom 4. Juni 1670, die gleichfalls *Lünig*, ebd. 1387 f., beschrieben hat. — Vgl. zur Krönung Friedrichs III. ferner *K. Fabricius*, Kongeloven, 95 ff.; *A. Friis* u. a. (Hrsg.), Schultz' Danmarkshistorie (Anm. 18), 274 und 278 f.; *Poul Johannes Jørgensen*, Dansk Retshistorie, Retskildernes og Forfatningsrettens Historie indtil sidste Halvdel af det 17. Aarhundrede, 6. Aufl. Kopenhagen 1974, 302 - 346, und *L. Wienbarg*, Das dänische Königsgesetz (Anm. 16), 9 - 16. — Zur Wahlkapitulation Friedrichs III. von 1648 vgl. *D. Gerhard*, Probleme des dänischen Frühabsolutismus, 276, und *G. Oestreich*, Vom Herrschaftsvertrag zur Verfassungsurkunde. Die „Regierungsformen" des 17. Jahrhunderts als konstitutionelle Instrumente, in: R. Vierhaus (Hrsg.), Herrschaftsverträge, Wahlkapitulationen, Fundamentalgesetze, Göttingen 1977, 45 - 67, hier 55. In seiner Handfeste bestätigte der König nicht nur das Mitregierungsrecht der 150 hochadligen Familien des Reichsrats, sondern mußte ihre Mitsprache erheblich erweitern. Die Regierung der drei hohen Reichsämter wurde durch drei neue Ämter ergänzt. Der Adel präsentierte für die drei Ämter je drei Kandidaten aus seinen Reihen, von denen der König einen auszuwählen hatte. Der Regionaladel besaß darüber hinaus das Vorschlagsrecht beim Tode eines Reichsrates. Die Verquickung von Adel und hoher Bürokratie ist demnach in der zentralen Sphäre ebenso sichtbar wie in der lokalen Verwaltung, wo

sich und seinen Nachkommen die Entscheidung darüber vorzubehalten, was von den alten „Gewohnheiten" noch rechtens und in Übung bleiben sollte. Aber über diesen ohne Zweifel wichtigen Vorgang hinaus manifestiert sich in der Zurückdrängung des Gottesgnadentums in der Lex Regia auch eine Grundtendenz dieser Umbruchperiode, nämlich der Wandel monarchischer Herrschaftslegitimation unter dem Einfluß naturrechtlicher Vertragslehren.

Otto Brunner hat diesen Prozeß in eindringlicher Weise dargestellt[27]. Er hat unter Hinweis auf Fritz Kern unterstrichen, daß die Vorstellung des Gottesgnadentums ursprünglich bezogen war auf das Widerstandsrecht[28]. Aus der Überzeugung, daß Herrscher und Volk gleichermaßen an eine geheiligte Rechtsordnung gebunden waren, leitete sich die Verpflichtung des Landesherrn her, den Rat des Volkes einzuholen: „Quod omnes tangit, ab omnibus tractari et approbari debet"[29]. Handelte der Herrscher diesem Rat zuwider, setzte er sich der Gefahr des Rechtsbruchs aus und beschwor den Widerstand derjenigen herauf, die aus der Verpflichtung „zu Rat und Hilfe in der Not" schließlich ein Recht auf Teilhabe an der Herrschaft abgeleitet hatten[30].

Neben dem Widerstandsrecht als dem einen konstitutiven Rechtsprinzip mittelalterlicher Herrschaftsauffassung stand ein besonders ausgeprägtes Fürstenrecht: das Gottesgnadentum, das in der feierlichen Krönung des Herrschers sichtbar in Erscheinung trat. Brunner weist mit Nachdruck darauf hin, daß das mittelalterliche Königsheil mehr gewesen sei als das Relikt aus einer mythischen Vorstellungswelt, sondern

---

die Amtsleute nur mit Zustimmung des Reichsrates ernannt und abgesetzt werden konnten.

[27] *O. Brunner*, Vom Gottesgnadentum zum monarchischen Prinzip. Der Weg der europäischen Monarchie seit dem hohen Mittelalter, 160 - 186. Vgl. ferner *Hermann Friedrich Wilhelm Hinrichs*, Die Könige. Entwicklungsgeschichte des Königtums von den älteren Zeiten bis auf die Gegenwart, 2. Aufl. Leipzig 1853, 428 - 460; *H. von Borch*, Das Gottesgnadentum. Historisch-soziologischer Versuch über die religiöse Herrschaftslegitimation; *Alfred Daniel*, Die Kurialienformel Von Gottes Gnaden, Jur. Diss. Erlangen 1902.

[28] Vgl. im einzelnen *F. Kern*, Gottesgnadentum und Widerstandsrecht im frühen Mittelalter; vgl. ferner *K. Wolzendorff*, Staatsrecht und Naturrecht in der Lehre vom Widerstandsrecht gegen rechtswidrige Ausübung der Staatsgewalt; *O. v. Gierke*, Johannes Althusius und die Entwicklung der neuzeitlichen Staatstheorien, und *W. Näf*, Herrschaftsverträge und Lehre vom Herrschaftsvertrag, 26 - 52.

[29] Vgl. zu diesem Grundsatz, der sich im 11./12. Jahrhundert zuerst im Rahmen kirchlicher Institutionen und dann im weltlichen Bereich Geltung verschaffte, im einzelnen *Karl Bosl*, Die Grundlagen der modernen Gesellschaft im Mittelalter. Eine deutsche Gesellschaftsgeschichte des Mittelalters, 2 Bde., Stuttgart 1972, hier Bd. 2, 321, mit weiterführender Literatur.

[30] *O. Brunner*, Vom Gottesgnadentum zum monarchischen Prinzip, 165. Vgl. ferner *Erich Angermann*, Ständische Rechtstraditionen in der amerikanischen Unabhängigkeitserklärung, in: HZ 200 (1965), 61 - 91, bes. 82 ff.

realer Bestandteil eines sakral fundierten Rechtsdenkens, das — mit unterschiedlich staatsbildender Kraft in den einzelnen europäischen Ländern — wirksam geblieben ist bis in die Zeit der absolutistischen Herrschaftsstaaten des 17. und 18. Jahrhunderts[31].

Gewiß ist auch das Gottesgnadentum nicht unberührt geblieben von einer sich schon im Mittelalter vollziehenden Scheidung von geistlicher und weltlicher Sphäre, von „Anstaltskirche" und „Staat", obgleich die „Christenheit" zunächst fortbestand, geistlich als die eine, heilige Kirche, weltlich als *Republica Christiana*, als *Corpus Christianum*. Dennoch, der weltliche Bereich des Staates hob sich aus der geistlichen Sphäre heraus, und es setzte jene folgenreiche Umgestaltung der Herrschaftsformen ein, die in der Forderung nach der inneren und äußeren Souveränität der Staaten auf den Begriff gebracht wurde[32]. Jus und Lex, allgemeine Rechtsordnung und positives Recht, traten auseinander. Die überkommene Vorstellung, daß das Recht in der Überzeugung der Menschen gründe, lebte zwar noch fort, und insofern blieb auch der absolute Monarch an rechtliche Normen gebunden[33]. Aber es fehlten nun

---

[31] Brunner verweist in diesem Zusammenhang auf Percy Ernst Schramm und unterstreicht, daß das französische Königtum noch im Zeitalter des Absolutismus seine besten Kräfte aus dem Königsmythos des Mittelalters gezogen habe. „Dieser hat für das Königtum mehr geleistet als die verstandesklaren Theorien, die aus der Geschichte der Staatslehre nicht wegzudenken sind, aber doch immer nur bestimmte Schichten gewinnen konnten"; vgl *P. E. Schramm*, Der König von Frankreich (Anm. 25), 1, 264; *Marc Bloch*, Les rois thaumaturges. Etude sur le caractère surnaturel attribué à la puissance royale particulièrement en France et en Angleterre, Nachdruck der Ausgabe von 1924, Paris 1961; *Ralph E. Giesey*, The Royal Coronation Ceremony in Renaissance France, Geneva 1960; *Louis Rougier*, Le caractère sacré de la royauté en France, in: The Sacral Kingship. Contributions to the central theme of the VIIIth international Congress for the History of Religions (Rome 1955), Leiden 1959, 609 - 619, und *Anton Haueter*, Die Krönungen der französischen Könige im Zeitalter des Absolutismus und in der Restauration, Zürich 1975. — Zum Grundsätzlichen ferner *F. Hartung*, Die Krone als Symbol der monarchischen Herrschaft im ausgehenden Mittelalter, 9 - 61.

Eine Vergöttlichung des königlichen Herrschers, wie sie in Frankreich im Zeitalter Ludwigs XIV. und auch im englischen Jure-divino Königtum hervortritt, hat es in den protestantischen Monarchien nicht gegeben. Hier behält das Königtum in viel stärkerem Maße seinen christlich verstandenen Amtscharakter und wandelt sich in einem langsamen Prozeß der Säkularisierung zu einer staatlichen Institution, die sich nicht aus einem numinosen Königsglauben, sondern aus einer dem Gemeinwohl verpflichteten Funktion zu legitimieren sucht. Vgl. zu der ideengeschichtlichen Seite dieses Vorgangs — besonders in Brandenburg-Preußen — *P. Klassen*, Die Grundlagen des aufgeklärten Absolutismus.

[32] *E. W. Böckenförde*, Die Entstehung des Staates als Vorgang der Säkularisation; vgl. ferner *Jürgen Dennert*, Ursprung und Begriff der Souveränität. (Sozialwissenschaftliche Studien 7), Stuttgart 1964, 56 ff.

[33] *M. Göhring*, Weg und Sieg der modernen Staatsidee in Frankreich, 61; *Georges Weill*, Les théories sur le pouvoir royal en France pendant les guerres de religion, Paris 1891; *E. Hinrichs*, Fürstenlehre und politisches Handeln im Frankreich Heinrichs IV. Untersuchungen über die politischen Denk- und

die institutionellen Garantien, die das Zusammenwirken von Herrscher und Volk in der Rechtsetzung geregelt hatten, es fehlten die gesetzlichen Handhaben, um einem Unrecht tuenden Herrscher entgegenzutreten. Die alte Formel, daß das Recht über Herrscher und Volk stehe, wurde beiseitegeschoben durch den Anspruch auf die Vereinigung aller Herrschaftsrechte in der Hand des Fürsten. Demzufolge wurde ein Verwaltungsstaat geschaffen, der mit Hilfe eines differenzierten, dauernd funktionierenden Apparats von Zentralbehörden die Mitherrschaft der Stände zurückdrängte und sie — politisch gesehen — zur Bedeutungslosigkeit verurteilte[34].

Dieser Obrigkeitsstaat erfaßte alle Lebensbereiche. Ein Teil der altständisch-hierarchischen Gesellschaft, schreibt Gerhard Oestreich, wurde „verstaatlicht", „er trat in den Dienst des Staates und bildete die Staatsdienerschaft im weitesten Sinne des Wortes, die rational handelnde, disziplinierte, an Befehlen und Gehorchen gewohnte absolutistische Gesellschaft in den sich ständig vermehrenden Behörden und dem ständig vergrößerten Militär — beide unter monarchischer Führung. Es entstanden die juristisch gebildete hohe Bürokratie und das wissenschaftlich geschulte höhere Offizierkorps mit ihrem beiderseitigen Fußvolk, dem sitzenden Heer der Beamten und dem stehenden Heer der Soldaten"[35].

Je mehr dieser Prozeß der machtpolitischen Konsolidierung fortschritt, desto eher konnte dem Gottesgnadentum des Mittelalters als Legitimation monarchischer Herrschaft entraten werden. Während in Frankreich mit der Vergöttlichung des Königs bestimmte Züge des älteren Gottesgnadentums herausgehoben und in den Mythologemen der Antike

---

Handlungsformen im Späthumanismus; ders., Das Fürstenbild Bodins und die Krise der französischen Renaissancemonarchie, in: Jean Bodin. Verhandlungen der internat. Bodin-Tagung in München, hrsg. von Horst Denzer. (Münchner Studien zur Politik 18), München 1973, 281 - 302, und *J. H. Franklin*, Jean Bodin and the Rise of Absolutist Theory, hier bes. 70 - 92.

[34] Vgl. dazu im einzelnen *G. Oestreich*, Ständetum und Staatsbildung, 277 - 289; ders., Strukturprobleme des europäischen Absolutismus, zuletzt in: ders., Geist und Gestalt des frühmodernen Staates, Berlin 1969, 179 - 197, und den vorzüglichen Überblick desselben zusammen mit *Inge Auerbach*, Die ständische Verfassung in der westlichen und in der marxistisch-sowjetischen Geschichtsschreibung. Ferner *Rudolf Vierhaus*, Ständewesen und Staatsverwaltung in Deutschland im späteren 18. Jahrhundert, in: Dauer und Wandel der Geschichte. Aspekte europäischer Vergangenheit. Festgabe für Kurt von Raumer, hrsg. von R. Vierhaus u. M. Botzenhart, Münster 1966, 337 - 360, und *Dietrich Gerhard* (Hrsg.), Ständische Vertretungen in Europa im 17. und 18. Jahrhundert. (Veröffentlichungen des Max-Planck-Instituts für Geschichte 27), Göttingen 1969.

[35] *G. Oestreich*, Policey und Prudentia civilis in der barocken Gesellschaft von Stadt und Staat, hier 15. Vgl. ferner *Carl Hinrichs*, Staat und Gesellschaft im Barockzeitalter, in: ders., Preußen als historisches Problem. Gesammelte Abhandlungen, hrsg. von G. Oestreich, Berlin 1964, 205 - 226.

1. Die Entzauberung der Monarchie von Gottes Gnaden

vergegenwärtigt wurden, verblaßte es in den protestantischen Monarchien im Zuge einer Versachlichung des Herrscheramtes zu einem allgemeinen, im Kern völlig unverbindlichen Appell. Doch wuchs zugleich mit der Preisgabe des älteren Gottesgnadentums das Bedürfnis, die Rechtsbindung des souveränen Fürsten in Gestalt einer naturrechtlichen Staatsethik wiederherzustellen und damit eine Legitimität zu begründen, die an die Stelle von Königsheil und Königsglaube treten konnte. Hier zeichnet sich der Weg ab, an dessen Ende eine rein weltliche, aus der Vernunft und dem Staatszweck entwickelte Vorstellung monarchischer Gewalt stehen wird[36].

Zunächst jedoch hat nicht einmal die Reformation — wie vor allem Hans Liermann gezeigt hat — die Herrscherweihe ganz verworfen, obwohl der Protestantismus einer solchen, quasisakramentalen Handlung nach seiner Auffassung vom Amtscharakter irdischer Herrschaft mit größter Zurückhaltung begegnen mußte[37]. Vielmehr hat sich unbeschadet aller grundsätzlichen Vorbehalte auch in Monarchien, deren Fürstenhäuser sich der Reformation anschlossen, ein Sakralrecht als offensichtlich unverzichtbarer Bestandteil monarchischer Herrschaftslegitimation — gewissermaßen *in fraudem reformationis* — erhalten, das unter wohlerwogener Beibehaltung zahlreicher liturgischer Grundelemente der älteren Herrscherweihe zu einer neuen Sinndeutung der Königskrönung zu gelangen bestrebt war. Denn es erwies sich nicht zuletzt aus staatsrechtlichen Erwägungen heraus sehr bald als zweckmäßig, an einem sakralrechtlich verbindlichen Krönungsakt festzuhalten, um trotz des reformatorischen Bekenntnisses die gemeinsamen Grundlagen der abendländischen Königsherrschaft so weit als möglich zu bewahren.

Besonders Dänemark ist hierfür ein Beispiel. Anläßlich der Krönung Christians III. durch Luthers Freund Johannes Bugenhagen am 12. August 1537 wurde die erste, bewußt protestantische Herrscherweihe vollzogen[38]. An dem Sakralrecht, wie es hier in Erscheinung tritt, ist neben der Vorstellung, daß die Obrigkeit unmittelbar von Gott und nicht mehr durch die Kirche eingesetzt werde, vor allem bedeutsam, daß den Zeremonien eine zwar sinnvolle, im übrigen aber vordergründig äußerliche Funktion beigemessen wurde. Bugenhagen wies das dänische Herr-

---

[36] *E.-W. Böckenförde*, Die verfassungstheoretische Unterscheidung von Staat und Gesellschaft, 10 - 18.

[37] *H. Liermann*, Untersuchungen zum Sakralrecht des protestantischen Herrschers, 56 - 108, und *Martin Heckel*, Staat und Kirche nach den Lehren der evangelischen Juristen Deutschlands in der ersten Hälfte des 17. Jahrhunderts. (Jus ecclesiasticum 6), München 1968.

[38] *H. Liermann*, Untersuchungen, 69 - 74. Vgl. ferner *Friedrich Bertheau*, Bugenhagens Beziehungen zu Schleswig-Holstein und Dänemark, zuletzt in: Walther Hubatsch (Hrsg.), Wirkungen der deutschen Reformation bis 1555. (Wege der Forschung 203), Darmstadt 1967, 493 - 511.

scherpaar in seinem aus Anlaß der Königskrönung von 1537 verfaßten „christlichen Unterricht" ausdrücklich auf die Äußerlichkeit dieses „Gepränges" hin, betonte aber zugleich dessen funktionale Nützlichkeit. „Aneben sollen sie auch wissen", schrieb er, „das solche Konygliche Geprenge und Ceremonien an Inen selbst keyne Sund noch wider Gott sind, sondern das sie von noten sind, von wegen dieser Konygreiche, Lande und Leut, die da Ire Konyg und Konygynne wollen sehen als aus Gottlicher Gewalt und Macht also bestetigt. Wie dann in der Wahrheit diese Gewalt von Gott ist. Und das alle diese Ceremonien und Kyrchen-Geprenge ein Gotliche Bedeutung aus Gottes Wort haben"[39].

Hier zeigt sich mit aller Deutlichkeit das Bestreben, die normative Kraft des älteren Sakralrechts durch eine Spiritualisierung des Salbungsaktes aufzuheben und zugleich mit dem Hinweis auf die konsolidierende Wirkung einer derartigen Zeremonie politisch zu untermauern[40]. Daß es Bugenhagen tatsächlich darum ging, den ganzen Krönungsakt und besonders die Salbung des Königspaares jeder sakralrechtlichen Verbindlichkeit zu entkleiden, geht in besonderer Weise auch aus der Predigt hervor, die er während des Krönungsgottesdienstes in der Kopenhagener Frauenkirche hielt. „Wir bekennen hie freilich", wandte er sich an die Versammelten, „daß uns solch Salben nicht geboten ist, gleich ob kein König oder Königin köndte sein one die Salbung. Wiederumb so wissen wir auch fast wol, das salben nicht verboten ist. Darumb machen wir keine not oder heiligkeit daraus, wie die Pfaffen, one Gottes befehl, zu jren Weihungen haben gethan mit jrem garstigen Oel. Sondern weil solchs gewöhnlich und hat eine Göttliche und Edle bedeutung, daran allen diesen Landen gros gelegen, so salben wir mit Balsam oder tewren Wassern unsern König und Königin im Namen Gottes[41]."

Das ist eine Deutung von Sinn und Zweck der Königskrönung, wie sie dann — um einige Grade versachlichter noch — in der Lex Regia wieder-

---

[39] Zitiert nach H. *Liermann*, Untersuchungen, 70; vgl. ferner *Gottlieb Mohnike*, Die Krönung Christians III. von Dänemark und seiner Gemahlin Dorothea durch D. Johannes Bugenhagen, Stralsund 1832, hier 31 f. und 46, und *Martin Schwarz Lausten*, König Christian III. von Dänemark und die deutschen Reformatoren, in: Archiv für Reformationsgeschichte 66 (1975), 151 - 182.

[40] *Christoph Link*, „Jus divinum" im deutschen Staatsdenken der Neuzeit, in: Festschrift für Ulrich Scheuner zum 70. Geburtstag, hrsg. von Horst Ehmke u. a., Berlin 1973, 377 - 398, hier 383 - 385.

[41] H. *Liermann*, Untersuchungen, 72, und G. *Mohnike*, Die Krönung, 56. Das Abendmahl hatte der Thronfolger mit seiner Gemahlin bereits vor der Krönung empfangen. Diese Abänderung des Zeremoniells bedeutete einen tiefen Bruch mit der Liturgie der älteren, katholischen Herrscherweihe, in der die Messe und Kommunion als unverzichtbare Bestandteile der Krönungsfeierlichkeiten betrachtet wurden. Bugenhagen berichtet, daß das Königspaar, um nicht „mit diesem gepreng ... beladen" das Abendmahl zu empfangen, es vorher begehrt hätte; vgl. G. *Mohnike*, ebd. 34.

1. Die Entzauberung der Monarchie von Gottes Gnaden

kehren wird. Ihr Ergebnis ist eine beträchtliche Abschwächung der theokratischen Idee. Denn die bisher als konstitutiv betrachtete Herrscherweihe gerät ungeachtet des Festhaltens an der Salbung unter den Einfluß von Vorstellungen, die mit deutlich antitraditionalistischem Affekt einem funktionalen Pragmatismus das Wort reden, der zur Loslösung des Königtums aus seinen sakralrechtlichen Bindungen sehr wesentlich beigetragen hat. Krönung und Salbung werden als *ritus externus* betrachtet und in den Bereich des Beliebens und der politischen Opportunität gerückt[42]. Was sich im Krönungsakt von 1537 als die Entlassung des Staates aus kirchlich-geistlicher Observanz darstellt, erscheint in der Lex Regia von 1665 als politische Handlungsmaxime des sich seiner weltlichen Bestimmung voll bewußt gewordenen Herrschaftsstaates. Die Krönung verblaßt in ihrem religiösen Gehalt und wird als Teil der Inauguration des neuen Königs aufgefaßt, die nach Maßgabe des Staatsnutzens — der „nécessité", wie es bei Bodin heißt — in den Dienst der Integration von Staat und Herrschaft gestellt werden kann.

Das gilt zunächst für Dänemark. Aber zugleich werden hier Tendenzen sichtbar, die ganz allgemein für die Entwicklung der europäischen Monarchie von Bedeutung sind. Selbst in Frankreich und England, wo das Gottesgnadentum zur selben Zeit noch einmal eine besondere Stilisierung erfährt, macht sich eine an Zweck und Wirkung orientierte Rationalität geltend, die den spirituellen Charakter des Sakralrechts zurückdrängt zugunsten einer neuen, vernunftgemäßeren Legitimation königlicher Herrschaft[43]. Auch hier ist jene mit der Entdeckung des Politischen als solchem einhergehende Säkularisation unverkennbar, das Heraustreten des Staates aus einem vorgegebenen, geistlich-religiösen Weltganzen zu einer weltlich konzipierten Zielsetzung, die ihre Maßstäbe aus den diesseitigen Möglichkeiten und Bedingungen, der *sphaera huius vitae,* herleitet[44].

Der Hallesche Rechtsgelehrte Johann Peter von Ludewig hat dieser durch das Luthertum nachdrücklich geförderten Entsakralisierung mit dem Blick auf die preußische Königskrönung von 1701 noch einmal prägnanten Ausdruck verliehen. „Die Salbung an sich selbsten", argumentierte er in einem gegen päpstliche Proteste gerichteten Traktat, ist

---

[42] H. *Liermann,* Untersuchungen, 88 - 91.

[43] Vgl. dazu R. *von Albertini,* Das politische Denken im Frankreich zur Zeit Richelieus, 22 - 58; E. *Hinrichs,* Fürstenlehre und politisches Handeln im Frankreich Heinrichs IV., 39 ff., und H. *Quaritsch,* Staat und Souveränität, 293 - 305.

[44] Vgl. zum Gesamtzusammenhang noch einmal O. *Brunner,* Vom Gottesgnadentum zum monarchischen Prinzip; O. *v. Gierke,* Johannes Althusius und die Entwicklung der naturrechtlichen Staatstheorien, 71 - 75; E. W. *Böckenförde,* Die Entstehung des Staates als Vorgang der Säkularisation, hier bes. 76; O. *Hintze,* Wesen und Wandlung des modernen Staats, 476 - 481; H. *Krüger,* Allgemeine Staatslehre, 32 - 61.

„kein nöthiges Stück bey der Königlichen Würde, sondern nur für eine Ceremonie zu halten, welche ohne Verringerung oder Vermehrung der Königlichen Würde ausgelassen oder verrichtet werden kann". Er wolle zwar nicht behaupten, fuhr er fort, daß die Salbung des Königs eine abergläubische Handlung sei, welche „kein Theologus einem Könige rathen könne: Genug ist es, daß die Christlichen Könige achthundert gantzer Jahre von keiner Salbung gewußt haben"[45]. Hier wird deutlich, daß das zwei Jahrhunderte währende Ringen zwischen zwei sich ausschließenden Normensystemen, der römischen Kirche und dem Luthertum, im Grunde nur mit einer Kompromittierung jeglicher Form religiöser Herrschaftslegitimation enden konnte.

2. Der Herrschaftsvertrag

Was trat jedoch — so ist zu fragen — an die Stelle des Sakralrechts, um Anspruch und Rechtmäßigkeit königlicher Herrschaft zu begründen? Aus der Vernunft ließ sich das Gottesgnadentum nicht herleiten. Das neuzeitliche Staatsdenken griff deshalb „wie so oft seit der Antike, wenn es galt, das Politische rational zu erfassen", zur Parabel des Vertrages[46]. Mit jedem Versuch jedoch, den Herrschaftsanspruch der Könige und Fürsten rational zu legitimieren, schritt „die Entzauberung der Monarchie von Gottes Gnaden" unaufhaltsam fort, bis das Königtum seines numinosen Glanzes weitgehend entkleidet war und als Institution des Staates aufgefaßt wurde[47].

Auch in der Lex Regia ist der Einfluß unverkennbar, den die Lehre vom Staatsvertrag ausgeübt hat, die überall in Europa das Erbe des theokratischen Gedankens antrat[48]. In den oben angeführten Abschnitten

---

[45] *Johann Peter von Ludewig*, Päpstlicher Unfug wider die Cron Preussen, welchen Clemens der XI. in einer... irrigen Brevi zu Verkleinerung aller gekrönten Häupter begangen. Consilia Hallensium Iureconsultorum 2., Halle 1734, 851; zitiert nach *H. Liermann*, Untersuchungen, 97. Zu Ludewig neuerdings *Notker Hammerstein*, Jus und Historie. Ein Beitrag zur Geschichte des historischen Denkens an deutschen Universitäten im späten 17. und 18. Jahrhundert, Göttingen 1972, 169 - 204. Zu Ludewigs Staatsschriften im besonderen *Reinhold Koser*, Preußische Staatsschriften aus der Regierungszeit König Friedrichs II., hrsg. von Johann Gustav Droysen und Max Duncker, Bd. 1, Berlin 1877, XXIX f.

[46] *O. Brunner*, Vom Gottesgnadentum zum monarchischen Prinzip, 177. Zu den Zusammenhängen zwischen alttestamentlicher Bundesidee und frühmoderner Vertragslehre siehe *G. Oestreich*, Die Idee des religiösen Bundes und die Lehre vom Staatsvertrag, in: ders., Geist und Gestalt des frühmodernen Staates, Berlin 1969, 157 - 178.

[47] *F. Hartung*, Der Aufgeklärte Absolutismus, 149 - 177; *K. O. Frhr. v. Aretin*, Der Aufgeklärte Absolutismus als europäisches Problem, 11 - 51, und *Emile Lousse*, Absolutismus, Gottesgnadentum, Aufgeklärter Despotismus, 89 - 102.

[48] Vgl. dazu die grundlegenden Ausführungen von *O. v. Gierke*, Johannes

2. Der Herrschaftsvertrag

der Präambel wird zunächst die Krise beschrieben, in die der Staat im Verlaufe der kriegerischen Verwicklungen mit Schweden geraten war. Diese Situation, so wird dann deduziert, habe Reichsrat und Stände, adlige und nichtadlige, geistliche und weltliche, dazu bewogen, ihre Prärogativen und Wahlrechte aufzugeben und zugleich dem König eine auf Erbrecht gegründete Herrschaft mit allen Jura majestatis und absoluter Souveränität unwiderruflich und „für ewige Zeiten" anzutragen. Zwar wird noch an der Vorstellung festgehalten, daß hinter dem Umsturz der Verfassungsverhältnisse das Wirken der göttlichen Vorsehung sichtbar werde. Aber im Grunde bedurfte es dieses Rückgriffs auf ein übernatürliches Handlungsmotiv schon nicht mehr. Denn die Herrschaft Gottes war längst abgedrängt in eine Sphäre des Außerwirklichen und blieb ohne inhaltlich faßbaren Bezug zu den Vorgängen in Staat und Gesellschaft. An ihre Stelle trat die Einsicht, daß sich der politisch handelnde Mensch nach Gesetzen zu richten habe, die aus der Natur der Sache hergeleitet waren.

Der absolute Herrschaftsanspruch, wie er in der Lex Regia erhoben wird, erscheint demzufolge als die vernünftige Schlußfolgerung aus der Staatskrise von 1657/60. Er beruft sich auf die Unterwerfung des Volkes „aus eigenem freien Willen und vorbedachtem Rate" unter einen von nun an unumstritten und unwiderruflich herrschenden König. Dabei wird offenkundig Bezug genommen auf die bei Hobbes entwickelte Theorie, daß die Menschen im Angesichte eines alles Leben bedrohenden Urzustandes zusammentreten und untereinander einen Vertrag zur Wahrung ihres gemeinsamen Interesses schließen[49]. Das Ziel dieses Vertrages ist die Unterwerfung. Doch kommt als Vorstellung von großer Tragweite hinzu, daß der Vertrag nur untereinander, nicht mit dem Herrscher geschlossen wird. Der Herrscher verspricht nichts und ist infolgedessen auch zu nichts verpflichtet. Es gibt auf Erden kein Recht, das ihn binden könnte, im Gegenteil: Nur was der Herrscher befiehlt, ist geltendes Recht.

Die Lex Regia entscheidet sich unter dem bezeichnenden Hinweis auf die Krise des dänisch-schwedischen Krieges unmißverständlich für dieses „Modell" einer definitiven und unwiderruflichen Herrschaftsübertragung, für die endgültige Veräußerung der Staatsgewalt durch das Volk

---

Althusius, 76 - 92, und ders., Das deutsche Genossenschaftsrecht, Bd. 4: Die Staats- und Korporationslehre der Neuzeit, Berlin 1913, 276 ff.

[49] Aus der Fülle der Hobbes-Literatur sei hier lediglich verwiesen auf *Ferdinand Tönnies*, Thomas Hobbes. Leben und Lehre, Nachdruck der 3. Aufl. von 1925, hrsg. von Karl-Heinz Ilting, Stuttgart 1971, 236 - 255; ferner *Bernard Willms*, Die Antwort des Leviathan — Thomas Hobbes politische Theorie. (Politica 28), Neuwied - Berlin 1970, 134 - 175. Zur Rezeption Hobbesscher Theorien in der Lex Regia im besonderen K. Fabricius, Kongeloven (Anm. 18), 4 - 20 und öfter.

und damit für die unbedingte Fürstensouveränität. Äußerungen darüber, ob das Volk in seiner Gesamtheit als eine im Wechsel der Glieder fortbestehende Gemeinschaft und zugleich als rechts- und handlungsfähiger Vertragspartner des zu absoluter Herrschaft berufenen Fürsten fortbestehe, finden sich in dem ganzen Dokument an keiner Stelle. Jeder einzelne Untertan wird statt dessen in die Pflicht genommen für den Schutz und die Aufrechterhaltung: die „allgemeine Sicherheit" und den „ruhigen Wohlstand" der einmal und unwiderruflich an den König übertragenen Staatsgewalt und seiner Dynastie.

Unsere lieben und getreuen Untertanen, heißt es in der Präambel, haben die Lex Regia „als ein sie, ihre Erben und Posteritäten bindendes Fundamentalgesetz zu halten und in allen Punkten und Klauseln zu befolgen" sich verpflichtet und darüber hinaus gelobt, „es zu vertheidigen, Leib und Ehre, Gut und Blut dafür zu wagen, und daß von solcher ihrer Pflicht und Schuldigkeit sie, ihre Erben und Nachkommen keine Freundschaft und Feindschaft, Furcht oder Gefahr, Gewinn oder Nachteil, Mißgunst oder sonst menschliche List oder Erfindung sie im Geringsten soll abwenden". Doch nicht nur Verpflichtung: In § 26 wird „zu dieses Gesetzes fernerer Bestärkung" darüber hinaus verfügt, daß, wenn jemand, sei es wer es wolle, sich unterstehen sollte, etwas auszuwirken oder zu bewerkstelligen, was der souveränen Alleinherrschaftsgewalt des Königs zum Nachteil gereichen könnte, so soll alles, was auf solche Art zugesagt oder erlangt sein möchte, für ungesagt und ungeschehen erachtet werden, und die, welche sich solches erworben oder erschlichen haben, wie jene bestraft werden, die die Majestät beleidigt oder sich an der Hoheit der Alleinherrschaftsregierung des Königs gröblich vergriffen haben.

Von einem so — wie eingeschränkt auch immer — beschaffenen Rechtsanspruch auf Erfüllung der Herrscherpflichten und auf Einhaltung der auch dem König gesetzten Schranken ist nicht die Rede. Lediglich „das gemeine Beste" — die „salus publica" —, durch welche ja gerade auch Hobbes seinen Fürsten gezügelt wissen wollte, erscheint hier an entlegener Stelle (§ 26) als ein auch den König verpflichtendes Ziel[50]. Nicht in Art und Weise seiner Amtsführung, sondern in der ein für allemal festgestellten Rechtmäßigkeit seiner Herrschaft erweist sich demnach die Legitimität des Souveräns[51].

---

[50] *E.-W. Böckenförde*, Die verfassungstheoretische Unterscheidung von Staat und Gesellschaft, 12 - 18. Zur Idee des gemeinen Besten in der Staatslehre der frühen Neuzeit ferner *Walther Merk*, Der Gedanke des gemeinen Besten in der deutschen Staats- und Rechtsentwicklung, Nachdruck der Erstveröffentlichung von 1934, Darmstadt 1968, hier 54 - 70, und *Helga Wessel*, Zweckmäßigkeit als Handlungsprinzip in der deutschen Regierungs- und Verwaltungslehre der frühen Neuzeit. (Schriften zur Verfassungsgeschichte 28), Berlin 1978, hier bes. 135 ff.

2. Der Herrschaftsvertrag

Es ist unverkennbar, daß die im Vertragsgedanken eigentlich verankerte Vorstellung eines fortbestehenden Rechtsverhältnisses zwischen Herrscher und Volk, die in der europäischen Staatslehre vor Hobbes eine gewisse Verbindlichkeit behauptet hatte, hier völlig beiseite geschoben ist. Nicht einmal im Falle des Aussterbens der Dynastie wird dem Volk ein Wahlrecht zugebilligt, wie es etwa in der „Verneuerten Landesordnung" Böhmens von 1627 (Artikel 1) ausdrücklich vorgesehen war. Jede Spaltung der Staatspersönlichkeit ist eliminiert, die Persönlichkeit des Volkes geht ohne jeden Rückstand in der Persönlichkeit des Fürsten auf: „Das Volk ist in ihm und durch ihn Person, ohne ihn eine bloße Menge, und kann daher schlechthin nicht als Subjekt irgendeines Rechts gegen den Herrscher gedacht werden[52]." Das Volk ist nur existent, insofern es verpflichtet wird auf die Sicherung und den Fortbestand des Königshauses.

Aus den Adaptionen der zeitgenössischen Staatslehre ergab sich also mit zwingender Logik eine monarchische Herrschaftsform, die in der Lex Regia in immer neuen Wendungen als ein absolutes, souveränes, christliches Erbkönigtum (§ 26) charakterisiert wird, als das — so die Präambel — mit allen Jura majestatis, absoluter Macht, der Souveränität und allen königlichen Herrlichkeiten und Regalien ausgestattete „Alleinherrschafts-Erbkönigtum und Regiment". Sein Inhalt wird begrifflich definiert als unveräußerlich, unumschränkt und unwiderruflich, unteilbar und unverjährbar. Jede untergeordnete Gewalt wird als bloße Delegation aus ihm abgeleitet. Es ist ohne Zweifel das von Jean Bodin formulierte Jus Majestatis, das als „summa in cives ac subditos legibusque soluta potestas" hier eine konkrete Anwendung findet[53]. Es ist

---

[51] Noch Jean Bodin hatte im Gegensatz dazu die Auffassung vertreten, daß die „Monarchie Royale" nicht einfach durch die Proklamation von Herrschaftsprinzipien gesichert werden könne, sondern durch die Bereitschaft des Königs, in Konflikten als eine allen Parteien mit gleichen Maßstäben gegenübertretende Instanz zu vermitteln. Konfrontiere man Bodins Souveränitätspostulat mit seinen Anschauungen über die fürstliche Verhaltensweise in Krisenzeiten, schreibt Ernst Hinrichs, so dränge sich die Vermutung auf, „daß der absolute ‚Souverän' Bodins vor allem als Antwort auf diese Krisenkonstellation der Monarchie Royale gedacht war. Denn so sehr Bodin mit der Theorie des ‚legibus solutus' den Herrscher als Träger der Befehls- und Gesetzgebungsgewalt gegenüber allen Untertanen verabsolutiert, so sehr bindet er ihn an die Funktionsbedingungen der Monarchie Royale", in der vor allem Rechtssicherheit: d. h. „Vertrauen" (fiance) zwischen König und Untertanen, herrschen müsse; vgl. *E. Hinrichs*, Das Fürstenbild Bodins und die Krise der französischen Renaissancemonarchie, 291 (Zitat) und 301 f. Vgl. auch *J. H. Franklin*, Jean Bodin and the Rise of Absolutist Theory, hier bes. 70 - 92.

[52] *O. v. Gierke*, Johannes Althusius, 86; vgl. ferner ebd. 176 f. und 189 - 191; *J. Dennert*, Ursprung und Begriff der Souveränität (Anm. 32), 73 - 100, u. *Reinhart Koselleck*, Kritik und Krise. Ein Beitrag zur Pathogenese der bürgerlichen Welt (Anm. 8), 11 - 32.

[53] *H. Quaritsch*, Staat und Souveränität, 243 - 394; *J. Dennert*, Ursprung und Begriff der Souveränität (Anm. 32), 56 - 70; *Julian H. Franklin*, Jean Bodin

II. Machtstabilisierung durch Erbfolgeregelung

der absolute Souveränitätsanspruch, der jede zeitliche und sachliche Beschränkung, jede Gebundenheit durch Verfassung und Gesetze, jede Abgrenzung einzelner Besitz- und Herrschaftstitel durch Veräußerung, Teilung oder Verjährung von sich weist und die Zusammenfassung aller dieser Hoheitsrechte in einer Hand fordert. Es solle der „Alleinherrschafts-Erb-König" von Dänemark und Norwegen, heißt es in § 2, „künftig sein und von allen Untertanen gehalten und geachtet werden als das oberste und höchste Haupt hier auf Erden über alle menschlichen Gesetze, das kein anderes Haupt und keine Richter über sich kennt, weder in geistlichen noch in weltlichen Sachen, denn Gott allein".

Fragen wir nun weiter, wie die Souveränitätsrechte im einzelnen beschaffen sind, die unumschränkt und unwiderruflich der absolute Herrscher zu besitzen in Anspruch nimmt, so erteilt die Lex Regia auch hierzu Auskunft mit aller wünschenswerten Klarheit; und zwar nicht mehr in der Form einer Trennung der königlichen Jura majora und Jura minora, wie sie in der Staatslehre der Zeit sonst noch üblich war, sondern durch eine äußerst prägnante Zusammenfassung der Majestätsrechte, die eine Anlehnung an die 1663/64 in Kopenhagen erschienene Schrift „De Jure regio" des dänischen Theologen und Staatslehrers Johannes Wandelinus vermuten läßt[54]. So heißt es in § 6 im Anschluß an die Proklamation des königlichen Summepiskopats etwas unvermittelt und abrupt noch einmal zusammenfassend: „Im Allgemeinen, um es kurz zu sagen, soll der König allein Macht haben, alle Regalien und Jura majestatis, wie sie auch Namen haben mögen, zu gebrauchen." Aber zuvor werden nacheinander die folgenden Rechte angeführt: das Jus ferendi leges (§ 3)[55] — übrigens ohne jeden Hinweis auf eine Begrenzung der königlichen Gesetzgebungskompetenz durch das natürliche oder göttliche Recht, wie sie ja auch gerade für Bodin unverzichtbar schien[56] —, das Jus constituendi magistratus (§ 4); das Jus gladii[57] (§ 5), also die Monopolisierung jeglicher Gewaltanwendung in der Hand des

---

and the Sixteenth-Century Revolution in the Methodology of Law and History, New York - London 1963, und *D. Wyduckel*, Princeps Legibus Solutus, 165 ff., mit ausführlichen Literaturhinweisen.

[54] *H. Dreitzel*, Protestantischer Aristotelismus und absoluter Staat, 410; zu den überaus zugespitzt erscheinenden sakralrechtlichen Vorstellungen des Wandelinus *H. Liermann*, Untersuchungen zum Sakralrecht, 89 f.

[55] Vgl. dazu die instruktive rechtsvergleichende Studie von *H. Mohnhaupt*, Potestas legislatoria und Gesetzesbegriff im Ancien Régime, hier bes. 196 f. und 199 - 208.

[56] *J. H. Franklin*, Jean Bodin and the Rise of Absolutist Theory, 70 - 92.

[57] Vgl. zur Herausbildung dieses Majestätsrechts in Europa der frühen Neuzeit etwa *G. Oestreich*, Zur Heeresverfassung der deutschen Territorien von 1500 bis 1800. Ein Versuch vergleichender Betrachtung, 290 - 310, und *E.-W. Böckenförde*, Der Westfälische Frieden und das Bündnisrecht der Reichsstände, in: Der Staat 8 (1969), 449 - 478.

Königs — unter Einschluß des Jus in exigendis tributis et vectigalibus; und schließlich das Jus religionis et sacrorum curam (§ 6)[58].

Wichtiger als die Reklamierung der hier aufgezählten Herrschaftsrechte ist in unserem Zusammenhang jedoch der bindend festgelegte Normenkatalog, auf den in den folgenden Artikeln der Thronfolger und seine Deszendenten verpflichtet werden. Denn das Erbrecht, wie es hier neben den Jura majestatis als Hauptbestandteil absoluter Fürstenmacht für das dänische Königshaus festgeschrieben wird, bedeutete ja nicht nur eine privatrechtlich-patrimoniale Übereinkunft, die hauptsächlich zur Regelung der Thronfolgefrage dienen sollte, sondern zugleich eine staats- und verfassungsrechtliche Bindung, die für eine langfristige Stabilisierung eines „Alleinherrschafts-Erbkönigtums" unerläßlich erschien. Von diesen selbstauferlegten Normen des absoluten Fürstenstaates nun im folgenden.

3. Normen dynastischen Erbrechts

Von außerordentlicher Tragweite ist zunächst die Tatsache, daß das dänische Königsgesetz verstanden wurde als eine „lex fundamentalis et immutabilis": „eine vollkommen unerschütterliche und unwidersprechliche Verordnung auf ewige Zeiten", als ein Verfassungsgesetz also, das auch den soeben zum absoluten Alleinherrscher proklamierten Souverän binden sollte[59]. Der König allein, heißt es in § 3, habe die höchste Gewalt, „Gesetze und Verordnungen zu machen nach seinem eigenen guten Willen und Wohlgefallen"; er habe die Befugnis, Gesetze aufzuheben, die von ihm selbst oder seinen Vorfahren gegeben worden sind, „dieses Königsgesetz allein ausgenommen, welches als der rechte Grund und das Grundgesetz des Königreichs ja durchaus unveränderlich und unerschütterlich bleiben muß". Auch in § 26 wird unter Hinweis auf „die tägliche Erfahrung und anderer Länder jammervolle Exempel" mit allem Nachdruck verfügt, daß die Nachfolger, die Alleinherrschafts-Erbkönige über Dänemark und Norwegen, ihre Erbgerechtigkeit und absolute Souveränität dergestalt bewahren sollten, wie es in diesem Königsgesetz „zum ewigen Erbe vollkommen vorgestellt ist".

Das bedeutete eine den regierenden König ebenso wie die Nachfolger bindende Auffassung der potestas legislatoria, die in der Staatslehre

---

[58] *Martin Honecker*, Cura religionis magistratus Christiani. Studien zum Kirchenrecht im Luthertum des 17. Jahrhunderts, insbes. bei Johann Gerhard. (Jus ecclesiasticum 7), München 1968.

[59] In der Tat ist die Lex Regia bis 1849 in Geltung geblieben und durch das sog. Juni-Gesetz außer Kraft gesetzt worden; vgl. die 1847 erschienene Schrift von *L. Wienbarg*, Das dänische Königsgesetz oder das in Dänemark geltende Grundgesetz (Anm. 16), und *J. C. Bisinger*, Vergleichende Darstellung der Staatsverfassung der europäischen Monarchien und Republiken (Anm. 21), 60 f., 76, 545 - 547.

der Zeit durchaus nicht unumstritten war⁶⁰. Vielmehr hatte sich zu Beginn des 17. Jahrhunderts die Auffassung durchgesetzt, daß der Herrscher die Quelle allen Rechts sei und die Verbindlichkeit der Gesetze uneingeschränkt aus den Willensbekundungen des jeweiligen Regenten herrühre⁶¹. „Qui veut le Roi", formulierte der französische Staatsrechtslehrer Antoine Loysel schon im Jahre 1607, „si veut la loi"⁶². Hier jedoch wird durch die Einschränkung der königlichen Prärogative in Fragen der Erbfolge eine Verfügung getroffen, die die Souveränität der Dynastie über die des einzelnen Throninhabers stellt. Der Fortbestand des Hauses, nicht die vollkommene Unumschränktheit des Regenten, ist die Absicht, die der Gesetzgeber von 1665 verfolgt hat. Gerade diese Abweichung von der Theorie des absoluten Herrschaftsstaats dokumentiert ebenso wie die Akribie, mit der in den folgenden Artikeln der Lex Regia die erbrechtlichen Probleme bis in die entlegensten Winkel abgehandelt werden, den außerordentlichen Wert, der der rechtsverbindlichen Festschreibung von Normen beigemessen wurde, die konstitutiv für den monarchischen Absolutismus waren.

„Um allem Zwist und Streit zuvorzukommen", heißt es in § 27, verfüge der König, „in welcher Reihe und auf welche Art und Weise — einer nach dem anderen zu seiner Zeit — erblich in der Regierung zu sukzedieren hat". Und dann im einzelnen: Es folgt eine Erbfolgeregelung, die eine Verknüpfung des agnatischen mit dem kognatischen Sukzessionsrecht darstellt⁶³. Der Schwertseite, aus rechter, gesetzlicher Ehe gezeugt, solle alle Zeit zuerst die Erbsukzession in der Regierung zukommen. Darüber hinaus wird verfügt, daß solange ein Mann vom

---

⁶⁰ Vgl. entgegengesetzte Vorstellungen etwa bei Henning Arnisaeus; dazu im einzelnen H. *Dreitzel*, Protestantischer Aristotelismus und absoluter Staat, 410 f.; Heinz Mohnhaupt geht in seinem Aufsatz über Potestas legislatoria und Gesetzesbegriff im Ancien Régime auf diesen in dogmengeschichtlicher wie politischer Hinsicht bedeutsamen Aspekt der absolutistischen Gesetzgebungspraxis leider nicht ein.

⁶¹ H. *Mohnhaupt*, Potestas legislatoria, 199 - 208; *Walter Wilhelm*, Gesetzgebung und Kodifikation in Frankreich im 17. und 18. Jahrhundert, in: Jus commune 1 (1967), 241 - 270; *R. v. Albertini*, Das politische Denken in Frankreich zur Zeit Richelieus, 43 - 58; *E. Hinrichs*, Fürstenlehre und politisches Handeln im Frankreich Heinrichs IV., 39 ff., und H. *Quaritsch*, Staat und Souveränität, 333 - 337.

⁶² *Antoine Loysel*, Institutes coustumieres ou Manuel de plusieurs et diverses regles, sentences et proverbs... de la France, Paris 1607, hier zitiert nach: Institutes coustumières d'Antoine Loysel, ed. M. Dupin et M. E. Laboulaye, Bd. 1, Paris 1846, 26.

⁶³ Vgl. dazu das wegen der Fülle an Einzelnachweisen bis heute noch grundlegende Werk von H. *Schulze*, Das Recht der Erstgeburt in den deutschen Fürstenhäusern und seine Bedeutung für die deutsche Staatsentwicklung, und *E. Meyer*, Ursprung und Entwicklung des dynastischen Erbrechts auf den Staat und seine geschichtliche Wirkung vor allem auf die politische Gestaltung Deutschlands, 144 - 159.

Manne übrig sei, niemand vom Weibesstamme die Krone erben soll, so daß sogar das Weib vom Manne dem Manne vom Weibe vorgeht. Im Falle, daß die Erbfolge an das weibliche Geschlecht übergeht, seien die durch Söhne herabsteigenden weiblichen Linien vor denen erbberechtigt, die von Töchtern abstammen. Nach dieser gemischten Lineal-Erbfolgeregelung sind also Männer und Frauen, welche durch Frauen zum regierenden Hause gehören, zwar an sich sukzessionsfähig, jedoch ausdrücklich erst dann, wenn in keiner Linie der regierenden Dynastie ein erbberechtigter Mann mehr vorhanden ist.

In engster Verknüpfung mit diesen Vorschriften, die in § 29 noch durch konkrete Angaben über die damals erbberechtigten Deszendenten erläutert werden, erscheint die strikte Verordnung des Primogeniturprinzips, also jenes Erbfolgegrundsatzes, nach dem der erstgeborene Sohn, oder wenn dieser gestorben wäre, der erstgeborene Enkel des verstorbenen Monarchen unter Ausschließung aller seiner nachgeborenen Söhne erbberechtigt sein soll. In gleicher Weise geht die erstgeborene Linie allen anderen Linien und in jeder wiederum das erstgeborene Glied allen anderen Gliedern vor. In allen Erbschaftsvorgängen, heißt es etwa in § 28 der Lex Regia, solle der Ältere stets dem Jüngeren vorgehen und das Recht der Erstgeburt genießen.

Ein drittes Staatsprinzip kommt hinzu: die Forderung nach Unteilbarkeit des gesamten Territorialbesitzes[64]. Weil Vernunft und tägliche Erfahrung hinreichend lehre, wird dazu in § 19 ausgeführt, daß eine zusammengefaßte Staatsgewalt viel stärker sei als eine geteilte und daß mit der Größe der Macht, die ein Herrscher besitze, auch die Sicherheit vor der Bedrohung durch auswärtige Feinde wachse: „So wollen wir auch, daß diese unsere Erbkönigreiche Dänemark und Norwegen samt allen dazugehörigen Provinzen und Ländern, Inseln, Festungen, Königlichen Herrlichkeiten und Regalien, Kleinodien, Geldern und allen anderen Mobilien, Kriegsmacht und Rüstung, sowohl zu Lande als zu Wasser, so wie auch allem, was wir jetzt mit Eigentumsrecht besitzen oder künftig entweder von uns oder von unseren Nachkommen mit dem Schwerte gewonnen oder durch Erbschaft oder andere gesetzliche Titel erworben werden kann, alles zusammen, nichts ausgenommen, ungetrennt und ungeteilt sein und bleiben soll unter einem Alleinherrschafts-Erbkönig von Dänemark und Norwegen."

Die Prinzen und Prinzessinnen von Geblüt sollen sich demgegenüber mit der Hoffnung auf eine spätere Sukzession begnügen, im übrigen

---

[64] A. *Werminghoff*, Der Rechtsgedanke von der Unteilbarkeit des Staates in der deutschen und brandenburgisch-preußischen Geschichte. Vgl. zur Vorgeschichte dieser Grundvorstellung staatlichen Handelns *Peter N. Riesenberg*, Inalienability of Sovereignty in Medieval Political Thought, New York 1956.

aber „zu ihrem reputierlichen Unterhalt" mit einer Versorgung bedacht werden, die „ihrem Stande einigermaßen angemessen" ist. Wenn ihnen statt barem Gelde jedoch „Landgüter, sei es unter so hohen Ehrentiteln als es immer wolle, vergönnt und beigelegt werden, so sollen sie allein die jährlichen Einnahmen, den Nutzen, Gebrauch und die Früchte davon für ihre Lebenszeit zu genießen haben; das Eigentum mit aller Königlichen Oberherrschaft bleibt stets beim König". In § 22 wird darüber hinaus verfügt, daß die königlichen Töchter und Schwestern mit fürstlichem Unterhalt versehen werden sollen, „bis sie mit des Königs Willen und Wissenschaft in den Ehestand treten, da sie dann mit einem fürstlichen Brautschatz in barem Geld ausgestattet werden sollen nach des Königs eigener milder Bestimmung". Allen ferneren Unterhaltsansprüchen für sich und ihre Kinder dagegen haben sie schriftlich zu entsagen.

Es ist ein wichtiges Kennzeichen aller absolutistischen, monarchisch verfaßten Herrschaftsstaaten des 17. und 18. Jahrhunderts, daß es den Fürsten gelungen ist, das bisher vorwiegend privatrechtlich aufgefaßte Erbrecht der Dynastie in Übereinstimmung mit der Staatsräson zu bringen und damit einem Grundsatz zum Durchbruch zu verhelfen, der erst eigentlich die Voraussetzung für die Verabsolutierung der Fürstenmacht schuf[65]. Denn es hatte sich im Laufe des 16. Jahrhunderts erwiesen, daß die Vorstellung vom Staate als Hauswesen und nutzbares Eigentum des Landesherrn nicht länger mehr geeignet war, der innen- und außenpolitischen Probleme Herr zu werden. Der Augenblick erforderte eine Zusammenfassung der politischen Kräfte des Landes unter einer neuen Rechts- und Staatsordnung, die in der Regel nur eine dynastische sein konnte. Dabei spielten zwei Gesichtspunkte eine Rolle. Einmal galt es, das dynastische Erbrecht um der Hausinteressen, der *Splendeur* und Reputation des Hauses willen, in raisonnable, d. h. verfassungsmäßig vorgezeichnete Bahnen zu lenken und damit aus jener Sphäre einer patrimonialen Herrschaftsauffassung herauszuheben, die den fortwährenden Erbteilungen so förderlich gewesen war[66]. Untrennbar verschmolzen mit diesem „politischen" Verständnis des Hausinteresses trat sodann der Machtgedanke als leitendes Prinzip hervor. Die außenpolitische Sicherheit gebiete es, heißt es — wie oben angeführt — in § 19 der Lex Regia, das Recht der Erstgeburt und damit auch die Unveräußerlichkeit des gesamten Territorialbesitzes samt aller Ressourcen und Machtmittel ein für allemal und unabänderlich festzulegen und zu verfügen. Nur so mochte es nach den Erfahrungen der Vergangenheit mög-

---

[65] H. *Schulze*, Das Recht der Erstgeburt, 344 ff., obwohl den historischen Prämissen, von denen Schulze ausgeht, nicht mehr zugestimmt werden kann.
[66] Vgl. dazu die Quellenbelege bei H. *Schulze*, Das Recht der Erstgeburt, 347 - 350.

lich sein, die Zusammenfassung aller dem Lande verfügbaren Kräfte zu gewährleisten[67].

Das ist — so alt diese Grundsätze und Überlegungen an sich auch sein mögen — durchaus etwas Neues und demnach geeignet, den frühmodernen Fürstenstaat in seinen herrschaftsstabilisierenden Absichten zu charakterisieren. Denn trotz der in den Testamenten und Hausverträgen vielfach zu belegenden Absicht der Fürsten, die Einheit ihres „Staates" aufrechtzuerhalten, hatte sich immer wieder das Prinzip der Gemeinschaftsregierungen und der Landesteilungen durchzusetzen vermocht[68]. Vielfach sind es deshalb die Land- und Generalstände gewesen, die gegen die Teilungsabsichten der Fürsten an der Einheit und Unveräußerlichkeit des territorialen Besitzstandes festgehalten haben, also gerade jene Kräfte, die immer wieder als einer „modernen" Lösung der anstehenden Staatsprobleme im Wege stehend betrachtet worden sind[69]. So ist es in der Tat ein Wendepunkt von außerordentlicher Tragweite

---

[67] Stärker als in der Lex Regia wird in Hausverträgen und politischen Testamenten deutscher Fürstenhäuser auch auf die „salus publica" als Motivierung der Primogeniturdisposition hingewiesen. Vgl. entsprechende Quellenbelege bei *H. Schulze*, Das Recht der Erstgeburt, 348 - 350.

[68] Nur in wenigen der deutschen Reichsterritorien, führt Fritz Hartung im einzelnen aus, „ist die für die Kurlande bereits durch die Goldene Bulle angeordnete Unteilbarkeit oder wenigstens eine Beschränkung der Teilbarkeit schon vor 1500 durch Hausgesetze festgelegt worden, in Baden bereits 1380, in den hohenzollernschen Landen durch die Dispositio Achillea 1473, in Württemberg 1482, im albertinischen Sachsen 1499; ihnen ist 1506 Bayern gefolgt".
Doch ist von großem Interesse, daß diese Gesetze unbeschadet ihres programmatischen und zumindest privatrechtlich verbindlichen Charakters zunächst nur geringe Wirksamkeit erlangt haben. „Sie blieben", fährt Hartung fort, „nicht nur vereinzelt, sondern sie wurden auch in allen Territorien mit Erfolg angefochten. Erst gegen das Ende des 16. Jahrhunderts ist die Primogeniturthronfolge in Bayern (1578) und in Brandenburg (Hausvertrag von Gera 1598, bestätigt 1603) endgültig angenommen worden. Im 17. Jahrhundert sind dann die Schäden der fortgesetzten Landesteilungen so deutlich geworden, daß die meisten Fürstenhäuser die Unteilbarkeit und die Primogeniturfolge eingeführt haben (1621 Österreich, nachdem die steirische Linie, die für ihr Gebiet schon 1584 zur Unteilbarkeit übergegangen war, zur Regierung gelangt war, 1652 Sachsen, albertinische Linie, Bestätigung der gleichzeitig verletzten Bestimmungen von 1499, 1680 Hannover); eine Reihe von Kleinstaaten hat mit dieser Festsetzung freilich bis ins 18. Jahrhundert, Sachsen-Meiningen sogar bis 1802 gewartet." Vgl. *F. Hartung*, Deutsche Verfassungsgeschichte vom 15. Jahrhundert bis zur Gegenwart, 63, und *G. Oestreich*, Die verfassungspolitische Situation der Monarchie in Deutschland, 268 - 270. Zu Einzelheiten ferner auch *H. Schulze*, Das Recht der Erstgeburt, 331 - 343 und 400 - 455, und seine Quellensammlung: Die Hausgesetze der regierenden deutschen Fürstenhäuser.

[69] Auf diesen wichtigen Gesichtspunkt hat Gerhard Oestreich mehrfach hingewiesen. Vgl. etwa seinen grundlegenden Aufsatz: Ständetum und Staatsbildung in Deutschland, hier bes. 281, und neuerdings *G. Oestreich* und *I. Auerbach*, Die Ständische Verfassung in der westlichen und in der marxistisch-sowjetischen Geschichtsschreibung, hier 18 und 31 - 34. Vgl. ferner eine Reihe von Einzelnachweisen bei *H. Schulze*, Das Recht der Erstgeburt, 350, 363 und öfter.

gewesen, als sich das Primogeniturprinzip in Verbindung mit dem Unteilbarkeitsgrundsatz seit Beginn des 17. Jahrhunderts — mit Phasenverschiebungen in den einzelnen europäischen Fürstenstaaten — unumstößlich als ein Herrschaftsprinzip etablierte, das zur Konsolidierung und institutionellen Verfestigung des monarchischen Absolutismus einen wichtigen Beitrag geleistet hat.

III. Dynastische Krisen als „conjonctures favorables"

Im vorangegangenen Kapitel ist dargelegt worden, in welchem Maße die „Verstaatlichung des dynastischen Verbandes" (Rudolf Vierhaus) im Verlaufe des 17. Jahrhunderts in Theorie und Praxis fortgeschritten war. Es war die Rede von den Anstrengungen der nach absoluter Machtvollkommenheit strebenden Fürstenstaaten, das dynastische Fundament, auf dem Legitimität und Kontinuität ihrer Herrschaft ruhte, so weit zu stabilisieren, daß Einsprüche weder von innen noch von außen möglich erschienen.

Im folgenden soll nun analysiert werden, wie es dennoch zu Erbfolgekrisen gekommen ist, und zwar in einer Häufigkeit, daß man sie als den Grundtyp militärischer Auseinandersetzungen im *ancien régime* zu bezeichnen geneigt ist. Es soll untersucht werden, wie aus den verfassungsrechtlich festgeschriebenen Rahmenbedingungen der absolutistischen Fürstenstaaten Konflikte europäischen Ausmaßes entstanden sind, die der freien Entscheidung über Krieg und Frieden weithin entzogen waren. Als Beispiel dient das Erbfolgeproblem des Hauses Habsburg im 18. Jahrhundert, das ungeachtet aller Vorsichtsmaßregeln und Kompensationsgeschäfte schließlich nicht anders als durch einen großen europäischen Krieg gelöst werden konnte. Es wird anhand dieses Konfliktes anschaulich zu zeigen sein, wie alle Anstrengungen um Stabilisierung absolutistischer Herrschaft das Ausmaß und die Folgen dynastischer Krisen offenbar noch verschärft haben und vielfach die Ursache dafür gewesen sind, daß die über Erbfolgefragen entbrannten Konflikte immer wieder mit Waffengewalt ausgetragen worden sind.

1. Die Erbfolgeregelung im Hause Österreich und die diplomatischen Schritte zu ihrer Anerkennung

Bis zum Beginn der theresianischen Staatsreform wurden die Königreiche, Länder und Territorien des Hauses Habsburg, „die Patrimonial-Königreiche und Lande", staatsrechtlich ungeachtet allen Fortschritts im Bereich der Staatsintensivierung nur durch das gemeinsame Oberhaupt, durch die Person des Kaisers zusammengehalten. Noch immer stellte das Erzhaus, die Casa d'Austria, eine — wie Otto Brunner sagt — „monarchische Union von Ständestaaten" dar, der „ein staatsrechtlicher und politisch-ideeller Beziehungspunkt" fehlte, „von dem das ganze Gebilde hätte einheitlich durchdrungen werden können"[70]. Daß man für diesen großen Komplex von lehnsrechtlich, erbrechtlich und kriegsrechtlich vereinigten Königreichen und Ländern zu Beginn des 18. Jahrhunderts schließlich den Begriff der „Monarchia Austriaca" oder einfach „der Monarchie" verwandte, zeigt mit aller Deutlichkeit, „daß es an einem prägnanteren Ausdruck fehlte, ja daß gerade dieser zunächst wenig aussagende Terminus schließlich die Sach- und Rechtslage doch am besten traf"[71].

Wenn es aber außer dem gemeinsamen Herrscher keinen staatlichen Zusammenhalt gab, so mußte der Regelung der Thronfolgefrage eine um so entscheidendere Funktion zukommen. Man könne, schreibt Hans Lentze, mit gutem Grund sagen, daß zu Beginn des 18. Jahrhunderts „das Thronfolgerecht das Kernstück, ja geradezu der Inbegriff des Staatsrechts in der Habsburgermonarchie" gewesen sei. „Es garantierte allein den Zusammenhalt des Reiches[72]." Die Regelung der Erbfolge für die ganze Monarchie erlangte indessen auch deshalb solche Bedeutung, weil es im Rahmen des Gesamthauses seit 1526 drei Territorialkomplexe mit einer unterschiedlichen Thronfolgeordnung gab: die deutsch-österreichischen Erbländer, die Länder der Wenzelskrone und diejenigen der Stephanskrone. Dabei ist von besonderer Bedeutung, daß in den deutsch-österreichischen Territorien das Prinzip der Unteilbarkeit zunächst noch keine Gültigkeit besaß. Vielmehr kam es auf Verfügung Ferdinands I.

---

[70] *Otto Brunner,* Das Haus Österreich und die Donaumonarchie, in: Festgabe für Harold Steinacker zum 80. Geburtstag, München 1955, 122 - 144, hier bes. 126 f. und 136. Ein instruktiver Vergleich mit Brandenburg-Preußen bei *W. Näf,* Die Epochen der neueren Geschichte, Bd. 1, 415 - 417. Vgl. ferner *Fritz Hartung,* Die Ausbildung des absoluten Staates in Österreich und Preußen, in: Das Reich und Europa, Leipzig 1941, 64 - 78, hier bes. 64 - 69.

[71] *Hans Sturmberger,* Dualistischer Ständestaat und werdender Absolutismus, in: Die Entwicklung der Verfassung Österreichs vom Mittelalter bis zur Gegenwart, hrsg. vom Institut für Österreichkunde, 2. Aufl. Wien 1970, 24 - 49, hier 43 f. Zum Begriff der „Österreichischen Monarchie" ferner ders., Vom Weißen Berg zur Pragmatischen Sanktion. Der Staat Österreich von 1620 bis 1740, in: Österreich in Geschichte und Literatur 5 (1961), 227 - 253, hier bes. 240 - 243; vgl. diese und die im folgenden zu nennenden Arbeiten von Sturmberger jetzt auch in seiner Aufsatzsammlung: Land ob der Enns und Österreich. Aufsätze und Vorträge. (Ergänzungsband zu den Mitteilungen des Oberösterreichischen Landesarchivs 3), Linz 1979; *Alphons Lhotsky,* Was heißt „Haus Österreich"?, in: ders., Europäisches Mittelalter — Das Land Österreich. (Aufsätze und Vorträge 1), München - Wien 1970, 344 - 364, und ders., Der österreichische Staatsgedanke, ebd. 365 - 388, hier bes. 378 ff. Heinrich Benedikt spricht von einem „Commonwealth of Nations unter der Krone Habsburgs. Die Einigung", fährt er fort, „war so lose, daß weder der Kaiser einen die Gemeinschaft ausdrückkenden Titel, noch daß sie selbst eine einheitliche Bezeichnung führte". Erst mit der Pragmatischen Sanktion erhielt die Monarchie „eine staatsrechtliche Grundlage"; vgl. *H. Benedikt,* Die Monarchie des Hauses Österreich, München - Wien 1968, 37 f.

[72] *Hans Lentze,* Die Pragmatische Sanktion und das Werden des österreichischen Staates, in: Der Donauraum 9 (1964), 3 - 12, hier 3.

vom 25. Februar 1554 noch einmal zu einer Erbteilung unter den drei Söhnen des Kaisers, die die Einheit und den Zusammenhalt des Hauses in einer Epoche tiefgreifender innerstaatlicher Auseinandersetzungen bis zur Wiedervereinigung aller Linien im Jahre 1665 auf eine harte Probe stellte. In Ungarn und Böhmen samt Nebenländern galten dagegen die Grundsätze der Unteilbarkeit und der Individualsukzession. Sie wurden zunächst sichergestellt durch das Wahlrecht der Stände. Aber auch nach der Aufhebung des ständischen Mitwirkungsrechts bei der Regelung der Thronfolge und der Einführung der Erbmonarchie — 1627 in Böhmen, 1687 in Ungarn — blieb es bei der Unteilbarkeitsregelung. Hinzu trat die Verfügung der Primogeniturerbfolge.

In den deutsch-österreichischen Erbländern hat zuerst Erzherzog Karl für Innerösterreich in Verbindung mit dem Unteilbarkeitsgrundsatz das Prinzip der Primogeniturerbfolge festgelegt und die nachgeborenen Söhne auf eine Jahresrente gesetzt (1584)[73]. Karls Sohn, Kaiser Ferdinand II., in dessen Hand nach dem Tode des Kaisers Matthias im Jahre 1619 neben Böhmen und Ungarn alle altösterreichischen Länder mit Ausnahme Tirols und der Vorlande wiedervereinigt wurden, hat diese Grundsätze dann für alle Erbkönigreiche und Fürstentümer des Hauses verbindlich gemacht[74].

Im Testament Ferdinands von 1621 und dem dazugehörigen Kodizill von 1635 findet sich erstmals der aus dem spanischen Staatsrecht hergeleitete Grundsatz, alle Länder und Herrschaften zu einem „Majorat" (Fideikommiß) zusammenzufassen und die Thronfolge nach dem Recht der Erstgeburt zu regeln[75]. Die Ausdehnung dieses Grundsatzes auf die Gebiete der spanischen Habsburger scheiterte allerdings nicht nur an den Erbschaftsansprüchen der Bourbonen, sondern auch am Widerstand

---

[73] Ebd., 4.
[74] Bemerkenswert ist indessen, daß auch Ferdinand II. sich nicht scheute, kurz nach seiner ersten testamentarischen Verfügung des Unteilbarkeitsprinzips die Herrschaft über Tirol und die Vorlande seinem Bruder, Erzherzog Leopold, zu übertragen. Diese neuerliche Erbteilung wurde erst hinfällig durch das Aussterben der Tiroler Linie im Jahre 1665. Vgl. dazu H. Sturmberger, Der absolutistische Staat und die Länder in Österreich, in: Der österreichische Föderalismus und seine historischen Grundlagen, hrsg. vom Institut für Österreichkunde, Wien 1969, 67 - 104, hier 77.
[75] Gustav Turba, Geschichte des Thronfolgerechts in allen habsburgischen Ländern bis zur Pragmatischen Sanktion Kaiser Karls VI. 1156 - 1732, Wien - Leipzig 1903; ders., Die Grundlagen der Pragmatischen Sanktion, Bd. 1: Ungarn; Bd. 2: Die Hausgesetze. (Wiener Staatswissenschaftl. Studien 10/11), Leipzig - Wien 1911/12, hier Bd. 2, 99 ff. Die Texte selbst bei G. Turba, Die Pragmatische Sanktion. Authentische Texte samt Erläuterungen und Übersetzungen, Wien 1913, hier 1 - 17. Vgl. ferner Hans Sturmberger, Kaiser Ferdinand II. und das Problem des Absolutismus. (Österreich-Archiv 1), Wien 1957, hier bes. 24 ff.

der Seemächte[76]. Leopold I. sah sich daraufhin veranlaßt, allen Ansprüchen auf das spanische Erbe und denen des Thronfolgers zugunsten Erzherzog Karls, des jüngeren seiner Söhne, zu entsagen. Dieser Verzicht wurde jedoch durch eine geheime Abmachung, das „Pactum mutuae cessionis et successionis", eingeschränkt[77]. Denn in diesem hausinternen Vertrag wurde nicht nur ein gegenseitiges Erbrecht der von Josef und Karl zu erwartenden Linien festgelegt, sondern auch in Aussicht genommen, daß im Falle eines Erlöschens im Mannesstamm die Töchter und deren Nachkommen nach dem Primogeniturprinzip erbberechtigt sein sollten, und zwar zunächst die älteste Tochter des letzten Throninhabers, die „Erbtochter" und deren Deszendenz. Als nun aber der im „Pactum" vorgesehene Fall tatsächlich einzutreten schien und Karl VI. nicht mehr mit der Geburt eines Sohnes rechnete, war die Geheimhaltung des Vertrages von 1703 im Hinblick auf eine reibungslose Regelung der Erbfolge nicht länger mehr ratsam. Hinzu kamen fortwährende Rangstreitigkeiten unter den beiden verwitweten Kaiserinnen, Eleonore und Wilhelmine Amalia, den Töchtern Leopolds und den Töchtern Josefs I., die schließlich Amalia zu einer offiziellen Demarche bei ihrem Schwager veranlaßte, um in der Frage von Rang und „Präzedenz" ihrer Töchter eine Klärung herbeizuführen[78].

Man entschloß sich deshalb nach Beratungen in der Geheimen Konferenz zum Erlaß eines Erbfolgegesetzes, das „nunmehro die einzige und unfehlbare Richtschnur auf folgende Weltdtzeiten" sein sollte. Aus diesem — zunächst eindeutig hausinternen — Anlaß versammelte der Kaiser am 19. April 1713 die Geheimen Räte und Minister mit Prinz Eugen an der Spitze, denen die Chefs der obersten Hofämter und der Hof- und Reichsbehörden folgten, darunter der Reichsvizekanzler Graf Schönborn, der Vizepräsident des Reichshofsrates Graf Sinzendorf und der ungarische Hofkanzler. Er ließ ihnen durch den österreichischen Hofkanzler Johann Friedrich Graf Seilern zunächst das Pactum mutuae successionis vorlesen. Daran schloß der Kaiser selbst die Erklärung, daß entsprechend dieser Vereinbarung alle an ihn gefallenen Länder und Herrschaften „bei seinen ehelichen männlichen Leibes-Erben nach dem Jure primogeniturae, solange solche vorhanden, ohnzertheilt zu verbleiben hätten, auf seines männlichen Stamms Abgang aber auf die ehelich hinterlassende Töchter allezeit nach Ordnung und Recht der Primogenitur gleichmäßig ohnzertheilt kommen sollten". „In Ermangelung aller

---

[76] *Oswald Redlich*, Das Werden einer Großmacht. Österreich von 1700 bis 1740, 4. Aufl. Wien 1962, 32 ff. und 320 - 349.

[77] *G. Turba*, Die Grundlagen der Pragmatischen Sanktion, Bd. 2, 136 ff.; der Text in: ders., Die Pragmatische Sanktion. Authentische Texte, 30 - 39.

[78] Dazu im einzelnen O. *Redlich*, Das Werden einer Großmacht, 323 - 326, und *Hanns L. Mikoletzky*, Österreich. Das große 18. Jahrhundert. Von Leopold I. bis Leopold II., Wien - München 1967, 109 f.

ehelichen Deszendenten mann- oder weiblichen Geschlechts" aber hätte „dieses Erbrecht ohnzertheilter" auf die Töchter Kaiser Josefs I. und deren ehelichen Nachkommen gleichfalls nach dem Recht der Erstgeburt zu kommen. Darauf befahl er seinen Räten und Ministern, daß „sie solche pacta und Verordnung vollkommentlich zu beobachten, zu erhalten und verthättigen gedacht und beflüssen seyn sollten", und erklärte diese Erbfolgeordnung zu einer „immerwehrenden Satzung", zu einer „Pragmatischen Sanktion"[79], „qui", so heißt es in einer Verlautbarung aus dem Jahre 1730, „tout exprès a été publiée de la manière du monde la plus solennelle, pour que jamais personne ne puisse en pretendre cause d'ignorance, et qui a été reconnue et acceptée de touts ceux, qui dans ces differents Royaumes et provinces hereditaires representent le Corps des Etats"[80].

Nun sind Vorgänge dieser Art nichts Außergewöhnliches. Vielmehr ist oben am Beispiel Dänemarks der Nachweis zu führen versucht worden, daß Erbfolgeregelungen mit Grundgesetzcharakter zum typischen Erscheinungsbild der europäischen Monarchie auf dieser Etappe ihres Weges vom Gottesgnadentum zum monarchischen Prinzip gehören[81]. Bemerkenswert an der Erbfolgeregelung in Österreich ist jedoch, daß hier nicht nur der Versuch einer Machtstabilisierung durch die einseitig-imperative Enuntiation eines dynastischen Staatsgrundgesetzes unternommen worden ist. Vielmehr glaubte man sich darüber hinaus veranlaßt, im Vorgriff auf den Erbfall diplomatische Vorsichtsmaßregeln zu ergreifen, um dem Rechtsgrundsatz der Unteilbarkeit und einer auf die weiblichen Linien des Erzhauses ausgedehnten Sukzessionsordnung die

---

[79] *G. Turba*, Die Grundlagen, Bd. 2, 158 ff.; den Wortlaut der Pragmatischen Sanktion, in: ders., Die Pragmatische Sanktion. Authentische Texte, 51 - 53; vgl. ferner ders., Reichsgraf Seilern aus Ladenburg am Neckar (1646 - 1715), Heidelberg 1923. Turba hat sich später gegen die Annahme einer Unterschiebung des Originals der Pragmatischen Sanktion im Jahre 1719 durch *Wolfgang Michael*, Das Original der Pragmatischen Sanktion Karls VI. (Abhandlungen der Preuß. Akademie der Wissenschaften, Phil.-Hist. Kl. 94), Berlin 1929, gewandt; vgl. dazu Turbas Aufsatz, Ist das Original der Pragmatischen Sanktion eine Unterschiebung?, in: Archivalische Zeitschrift 40 (1931), 65 - 119. Michael wiederholte seine These in der Arbeit: Zur Entstehung der Pragmatischen Sanktion, Basel 1939. Vgl. ferner *Ernst Schönbauer*, Die Pragmatische Sanktion. Zur Geschichte und zur Deutung eines Rechtsbegriffs, in: Forschungen und Fortschritte 35 (1961), 179 - 183, hier bes. 181 f.

[80] Diese Begründung steht in einem kaiserlichen „Memoire instructif" für den Grafen Königsegg, den österreichischen Botschafter in Paris, vom 25. Juni 1730, abgedruckt in: *C. v. Höfler* (Hrsg.), Der Congress von Soissons. Nach den Instructionen des Kaiserlichen Cabinetes und den Berichten des Kaiserl. Botschafters Stefan Grafen Kinsky. (Fontes rerum Austriacarum, 2. Abt.: Diplomataria et Acta 32/38), 2 Bde., Wien 1871 und 1876, hier Bd. 2, 226.

[81] Vgl. etwa die Zusammenstellung entsprechender Erbfolgeregelungen bei *G. Oestreich*, Die verfassungspolitische Situation der Monarchie in Deutschland, 269.

innen- und außenpolitische Anerkennung zu verschaffen und auf diesem Weg einem immerhin nicht auszuschließenden Erbfolgekonflikt die Grundlage zu entziehen.

Auf die feierliche Verkündung der Pragmatischen Sanktion folgten deshalb intensive diplomatische Bemühungen um die Durchsetzung der neuen Erbfolgeregelung. Die sich über Jahre hinziehenden Zustimmungsverfahren in den Ständeversammlungen der einzelnen Erbländer, vor allem Ungarns und seiner partibus adnexis, können hier ausgeklammert werden[82]. Wichtig in unserem Zusammenhang sind dagegen die Versuche, auch die europäischen Großmächte und das Reich zur Anerkennung der Pragmatischen Sanktion zu bewegen[83]. Denn man war in Wien nach den bitteren Erfahrungen des Spanischen Erbfolgekrieges der Überzeugung, daß einer Infragestellung der zum Grundgesetz erhobenen Sukzessionsordnung von vornherein entgegengetreten werden müsse, um einer möglicherweise staatsgefährdenden Entwicklung, wie sie in Spanien eingetreten war, ganz im Stile der Zeit steuernd und vorausplanend zu begegnen. In diesem singulären Vorgang zeigt sich das für die enge Verflechtung von Staatsverfassung und Kabinettspolitik höchst aufschlußreiche Bemühen, einen unausweichlich scheinenden Erbfolgekrieg politisch zu entschärfen oder doch soweit als möglich einzugrenzen.

Die diplomatischen Bemühungen Karls VI. um Anerkennung der Pragmatischen Sanktion durch die europäischen Mächte galten der Aufrechterhaltung und Konsolidierung des Gesamthauses als legitimes Erbe in einer Hand. Noch vor Abschluß des innerösterreichischen Zustimmungsverfahrens finden sich erste Hinweise auf das Bestreben, die wichtigsten

---

[82] Vgl. dazu im einzelnen *Hermann Ignaz Bidermann*, Geschichte der österreichischen Gesammt-Staats-Idee 1526 - 1804, 2 Bde., Nachdruck der Ausgabe von 1867/1889, Graz 1972, hier Bd. 2, 45 ff.; *G. Turba*, Die Grundlagen der Pragmatischen Sanktion, hier besonders der 1., die ungarischen Verhandlungen betreffende Band. Ein umfassender Überblick bei *O. Redlich*, Das Werden einer Großmacht, 320 - 349; ferner *Friedrich Walter*, Österreichische Verfassungs- und Verwaltungsgeschichte von 1500 bis 1955. (Veröffentlichungen der Kommission für neuere Geschichte Österreichs 59), Wien - Köln - Graz 1972, 82 ff.; *H. Lentze*, Die Pragmatische Sanktion und das Werden des österreichischen Staates (Anm. 72), 8 - 10; *H. Sturmberger*, Der absolutistische Staat und die Länder in Österreich (Anm. 74), 84 f., und ders., Vom Weißen Berg zur Pragmatischen Sanktion (Anm. 71), 245 f. Vgl. darüber hinaus die verdienstvolle Zusammenstellung der wichtigsten, auf die Anerkennung der Pragmatischen Sanktion bezugnehmenden Vorgänge in dem Sammelwerk: Kriege unter der Regierung der Kaiserin-Königin Maria Theresia, hrsg. von der Direktion des k. u. k. Kriegs-Archivs, hier: Österreichischer Erbfolgekrieg 1740 bis 1748, Bd. 1, Wien 1896, 1 - 56.

[83] Zu diesem Komplex am übersichtlichsten *H. L. Mikoletzky*, Österreich. Das große 18. Jahrhundert, 124 ff. Vgl. darüber hinaus *Theodor Thelen*, Der publizistische Kampf um die Pragmatische Sanktion und Erbnachfolge Maria Theresias 1731 - 1748, Diss. Ms. Mainz 1955.

Bestimmungen der neuen Sukzessionsordnung in Form einer Besitzstandsgarantie in das Jus publicum Europaeum einzubringen, also die Erbfolgeregelung des Hauses Habsburg als Bestandteil einer umfassenden Völkerrechtsordnung, als ein auch international zu respektierendes Staatsgrundgesetz, zu sanktionieren. Gewiß, einen „Rechtsweg" gab es für ein solches Verfahren nicht. Es war mit dem Prinzip der Souveränität nicht vereinbar, sich in Fragen der Erblegitimität der Entscheidung eines Dritten zu unterwerfen. „Il n'y a point de tribunaux supérieurs aux rois", sagt Friedrich der Große in seinem Antimachiavell, „nul magistrat dans le monde que juge de leurs différends[84]." Als Adressat eines Bestätigungsbegehrens kam nur die immer enger zusammenrückende Vertragsgemeinschaft der geschäftsfähigen Souveräne in Betracht, die nicht nur bei erblicher Thronfolge eine Gewähr für die Legitimität der Herrschaft zu übernehmen sich angewöhnt hatten, sondern auch eine Kontrolle über die Rechtmäßigkeit der Wahlmonarchien ausübten[85].

In den Friedensschlüssen von Rastatt (17. März 1714) und Baden (7. September 1714) sind Regelungen enthalten, die erstmals auf diese Tendenz hinweisen. So heißt es in Artikel XIX des Rastatter Friedensinstruments, daß die ehemals Spanischen Niederlande dem Kaiser wie auch „seinen Erben und Nachfolgern von jetzt und für immer ganz und unangefochten" überlassen werden „selon l'ordre de succession établi dans la maison d'Autriche"[86]. Ähnliche Bestimmungen finden sich in zahlreichen Bündnis- und Friedensverträgen der folgenden Jahre. Konkreter drückt sich indessen erst ein nach langwierigen Verhandlungen zustandegekommener Bündnisvertrag aus, der am 26. Mai 1732 in Kopenhagen zwischen Karl VI. und der Kaiserin Anna von Rußland einerseits

---

[84] *Friedrich der Große*, Réfutation du Prince de Machiavel, in: Oeuvres de Frédéric le Grand 8 (1848), 295. Auch in seiner Auseinandersetzung mit Holbach, dem „Examen de l'essai sur les préjuges" von 1770, führt er dieses Argument an. Die Selbsterhaltung, schreibt er, nötige den Fürsten, mit bewaffneter Hand das Gleichgewicht zwischen den Mächten Europas zu halten. Es sei seine Pflicht, die Untertanen vor feindlichen Angriffen zu schützen. Er sei befugt, für seine Rechte einzutreten. „Welchen Schiedsrichter haben denn die Herrscher? Wer will ihr Richter sein? Da sie denn für ihre Streitigkeiten kein Gericht finden, das mächtig genug wäre, das Urteil zu fällen und zu vollstrecken, so kehren sie unter das Naturrecht zurück, und Gewalt muß die Entscheidung übernehmen"; Oeuvres de Frédéric le Grand 9 (1848), 142.

[85] Vgl. dazu *H. O. Kleinmann*, Titelführung und Rechtsanspruch. Bemerkungen zum „österreichischen" Titel des Katholischen Königs im 18. Jahrhundert, 140, unter Hinweis auf *Jochen A. Frowein*, Die Entwicklung der Anerkennung von Staaten und Regierungen im Völkerrecht, in: Der Staat 11 (1972), 145 - 159. Vgl. ferner *U. Scheuner*, Die großen Friedensschlüsse als Grundlage der europäischen Staatsordnung zwischen 1648 und 1815, 232 ff.

[86] Vgl. den Text in dem Sammelwerk: Feldzüge des Prinzen Eugen. Nach den Feld-Akten und anderen authentischen Quellen hrsg. von der Abteilung für Kriegsgeschichte des k.k. Kriegs-Archivs, Bd. 15, Anhang 19, hier 575.

III. Dynastische Krisen als „conjonctures favorables"

und König Christian VI. von Dänemark andererseits abgeschlossen wurde[87]. Die beteiligten Mächte verpflichteten sich darin zu gegenseitiger Besitzstandswahrung im Falle eines Angriffs. Aber darüber hinaus heißt es in Artikel IV, daß sich der König von Dänemark und Norwegen bereiterkläre, „für Sich, dero Erben und Nachkommen beiderlei Geschlechts, die in dem Durchlauchtigsten Erzhause Österreich eingeführte und von Se. Röm. Kais. und Kath. Maj. unter dem 19. April 1713 erklärte, auch nachher von Dero gesammten Erb-Königreichen und Landen mit dem submissesten Dank angenommene Erbfolge-Ordnung zu garantieren und deren unveränderliche Beibehaltung gegen Alle und Jede kräftigermassen maintenieren zu helfen; dergestalten, daß Se. König. Maj. zu Dänemark [und] Norwegen, dero Erben und Nachkommen, diese Garantie so oft zu leisten sich verbinden und anheischig machen, als entweder Se. Röm. Kais. und Kath. Maj. in Lebzeiten oder nach dero zeitlichem Hintritt [...] deroselben Erben und Nachkommen zuwider erwähnter den 19. April 1713 erklärter Erbfolge-Ordnung in dem Besitz Dero sämmtlichen in und außerhalb Reichs gelegenen Erb-Königreichen und Landen, oder eines derselben, nirgends und nichts davon ausgenommen, von Jemandem, wer dergleichen sei, würde beunruhigt [und] angegriffen werden"[88].

Es handelt sich hier also um die ausdrückliche Garantieerklärung des Königs von Dänemark für die Erbfolgeregelung eines fremden Staates und darüber hinaus um die Verpflichtung, im Falle eines Angriffs „zuwider erwähnter Erbfolge-Ordnung" deren „unveränderliche Beibehaltung kräftigermassen" — was immer das heißen mag — sicherstellen zu helfen.

Ein anderes Beispiel für das Streben nach Anerkennung der österreichischen Sukzessionsordnung als integraler Bestandteil der Mächtepolitik stellt das Arrangement mit Preußen dar. Diese Übereinkunft — niedergelegt im geheimen Berliner Vertrag vom 23. Dezember 1728 — trägt jedoch im Unterschied zum Kopenhagener Bündnistraktat den Charakter eines Kompensationsgeschäfts[89]. In Artikel 2 heißt es dort im

---

[87] *Ludwig Bittner*, Chronologisches Verzeichnis der österreichischen Staatsverträge, Bd. 1: Von 1526 bis 1763. (Veröffentlichungen der Kommission für neuere Geschichte Österreichs 1), Wien 1903, 151 Nr. 797; vgl. den Text bei *F. Martens*, Recueil des traités et conventions conclus par la Russie avec les puissances étrangères ..., Bd. 1: Traités avec l'Autriche (1675 - 1762), St. Petersburg 1874, 48 ff.

[88] *F. Martens*, Recueil des traités, 50 f.

[89] *L. Bittner*, Chronologisches Verzeichnis der österr. Staatsverträge, Bd. 1, 148 Nr. 783. Der Text bei *Victor Loewe* (Hrsg.), Preussens Staatsverträge aus der Regierungszeit König Friedrich Wilhelms I. (Publikationen aus den Preuß. Staatsarchiven 87), Leipzig 1913, 357 - 373. Zu den Verhandlungen im einzelnen *Johann Gustav Droysen*, Geschichte der Preußischen Politik, 4. Teil 3. Abt.: Friedrich Wilhelm I., 2. Bd., Leipzig 1869, 19 - 74; einen Überblick über den

einzelnen: „Gleichwie Sr. Königl. Majestät in Preußen glorwürdige Vorfahren in denen mit dem Durchlauchtigsten Erzhause Österreich vorhin errichteten Allianztractaten, als nämlich in dem Tractat de anno 1686, Art. 1 und in dem Tractat de anno 1700, Art. 1 et 2, der damals regierenden Röm. Kais. Majestät auch namentlich Deroselben Erben und Nachkommen, Königen und Erzherzogen, alle Dero Erb-Königreiche und Lande in- und außer Reichs zu garantieren übernommen haben, also wollen Ihro Königl. Majestät in Preußen nicht allein vorermeldete Garantie hiemit erneuert und wiederholt, sondern auch noch über das für Sich, Dero Erben und Nachkommen zu Leistung sothaner Garantie in Ansehung aller und jeder von Ihro jetzt regierenden Röm. Kais. Majestät, so in- als außer Reichs besitzenden Erb-Königreichen und Länder, und zwar in specie nach der von Allerhöchstgedachter Ihro Kais. Majestät unterm 19. April 1713 erklärten und bestätigten, auch nachgehends von denen gesammten Erb-Königreichen und Ländern mit submissestem Dank angenommenen Erbfolge-Ordnung, auf das Kräftigste sich verbunden haben; also und dergestalt, daß Se.-König. Majestät in Preußen, Dero Erben und Nachkommen Ihro Kais. Majestät, wie auch Dero Erben und Nachkommen beiderlei Geschlechts, wie sich dieselben nach Maßgebung obvermeldeter Erbfolge-Ordnung der Succession nach und nach zu erfreuen haben, ermeldete Garantie so oft zu leisten schuldig und gehalten sein sollen, als entweder Ihro Kais. Majestät in Lebzeiten oder nach Dero zeitlichem Hintritt [...] Deroselben Erben und Nachkommen beiderlei Geschlechts zuwider vorerwähnter, anno 1713 erklärter Successionsordnung in dem Besitz Dero sämmtlichen, in- und außer Reichs gelegenen Erb-Königreiche und Lande oder eines dererselben, nirgends und nichts davon ausgenommen, von Jemand, wer der gleich sei, würde beunruhigt, angefallen und angegriffen werde"[90].

„Herentgegen", also gewissermaßen als Gegenleistung, garantierte Karl VI. für sich und seine Nachfolger die preußische Erbfolgeregelung, „wie selbige nach denen dermaligen bekannten Verfassungen des königl. preußischen und churbrandenburgischen Hauses" festgesetzt sei[91]. Zu den Kompensationen für die Anerkennung der Pragmatischen Sanktion gehörte ferner die Verpflichtung des Kaisers, die Rechte und Ansprüche der Hohenzollern in der jülich-bergischen Erbfolgefrage gegen das Haus Wittelsbach zu vertreten. Aber vor allem wurde vereinbart, daß, wenn einer der Vertragsschließenden — „wider verhoffen" — gegen die getroffene Vereinbarung verstoße, auch „der andere Theil an

---

mächtepolitischen Gesamtzusammenhang bietet *Martin Naumann*, Österreich, England und das Reich 1719 - 1732. (Neue Deutsche Forschungen, Abt. Neuere Gesch., 3), Berlin 1936, 147 f.

[90] V. *Loewe*, Preussens Staatsverträge, 360.
[91] Ebd., 360 f.

nichts, was in den gegenwärtigen Tractaten enthalten ist, verbunden sein soll"[92].

Es ist in diesem Zusammenhang von untergeordneter Bedeutung, daß Friedrich der Große aufgrund dieser Vorbehaltserklärung die Garantie der Pragmatischen Sanktion durch Preußen 1740 für gegenstandslos erklärte[93]. Festzuhalten ist vielmehr, daß die eigentliche Grundlage der österreichisch-preußischen Abmachungen von 1728 die Bestätigung der Sukzessionsordnungen beider Häuser gewesen ist. Sie beruhte auf der Vorstellung, daß die Integrität der Staaten gleichbedeutend sei mit der Aufrechterhaltung der Herrscherhäuser und daß die Beziehung der Mächte untereinander durch die gegenseitige Respektierung der jeweiligen Hausgesetzgebung geregelt werden könne: Konvenienz also auf der Grundlage eines Ordnungsprinzips, zu dessen Funktionsfähigkeit es unerläßlich war, daß die Dynastien den Fortbestand ihrer Herrschaft in verfassungsrechtlich verbindlicher Form sicherten. Die öffentlich erklärte und absolut bindende Erbfolgeregelung war die Voraussetzung innen- wie außenpolitischer Handlungsfähigkeit.

Aber gerade durch den Umstand, daß diese in ihrer Eindeutigkeit und Zweckrationalität zugespitzten Sukzessionsordnungen in zunehmendem Maße als konstitutiver Bestandteil der Mächtepolitik betrachtet wurden, wuchs im Falle einer umstrittenen Erbfolge die Gefahr, daß sich aus der Krise einer Dynastie eine Krise des Staatensystems entwickelte. Je mehr man sich also veranlaßt sah, die Erbfolge nicht nur möglichst unanfechtbar zu regeln, sondern die entsprechenden Grundgesetze zum Gegenstand internationaler Verträge machte, desto bedrohlicher wurde die Lage, wenn sich ein Erbfall mit unklarer Rechtslage ereignete. Zwar blieben die eigentlich machtpolitischen Energien wie eh und je unberührt von derartigen Überlegungen. Aber es bedeutete in einem Mächtesystem, das stärker als früher von rechtlichen Normen und Vorstellungen gesteuert wurde, eine krisenhafte Irritation, wenn keine eindeutigen Rahmenbedingungen vorhanden waren, innerhalb derer man politisch agieren konnte[94].

---

[92] Ebd., 368.

[93] Vgl. dazu die Ausführungen des Königs in seiner „Histoire de mon temps" (Fassung von 1775), in: Oeuvres de Frédéric le Grand 2 (1846), 47 f.

[94] Vgl. dazu *Ulrich Scheuner*, Die großen Friedensschlüsse als Grundlage der europäischen Staatsordnung zwischen 1648 und 1815, 232 ff.; *Paul Guggenheim*, Das Jus Publicum Europaeum und Europa, in: Jahrbuch des öffentlichen Rechts NF 3 (1954), 1 - 14; *Adolf Lasson*, Prinzip und Zukunft des Völkerrechts, Berlin 1871; *Carl Schmitt*, Der Nomos der Erde im Völkerrecht des Jus Publicum Europaeum, Köln 1950, 111 - 186; *F. H. Hinsley*, Power and the Pursuit of Peace. Theory and Practice in the History of Relations between States, Cambridge 1963, hier bes. 153 - 185, und die Beiträge von *Wight, Bull, Mackinnon* und *Butterfield* in dem Sammelband: Diplomatic Investigations. Essays in the Theory of International Politics, ed. by Herbert Butterfield and Martin Wight, London 1966.

1. Die Erbfolgeregelung im Hause Österreich

Wie ausgeprägt gerade in Österreich das Bestreben war, die eigene Sukzessionsordnung als Element des mächtepolitischen Interessenausgleichs zur Geltung zu bringen, verdeutlicht der Wiener Vertrag vom 16. März 1731, den Karl VI. mit König Georg II. von Großbritannien schloß[95]. Am 20. Februar 1732 traten auch die Generalstaaten dieser Abmachung bei[96]. Darin wurde erklärt, „daß, nachdem von Ihrer Kais. Majestät öfters remonstriert worden, daß die allgemeine Ruhe nicht lange bestehen und dauern und man kein sicheres Mittel, das Aequilibrium in Europa zu erhalten, finden könnte, als eine Vertheidigung, eine Verbindung, eine Gewähr, oder — wie man zu sagen pflegt — eine General-Garantie gegen Ihre Kais. Majestät, wegen der Ordnung Ihrer Succession, wie selbige durch die kaiserliche Deklaration von 1713 reguliert und in dem durchlauchtigsten Hause Österreich angenommen worden, so nehmen Ihro Majestät der König von Großbrittannien und Ihro Hochmögenden, die Herren Generalstaaten der vereinigten Niederlande, aus Antrieb eines eifrigen Verlangens, die allgemeine Ruhe zu versichern und das Aequilibrium von Europa zu erhalten, wie auch in Ansehung der in folgenden Artikeln etablierten Conditionen und die über alle Massen dienlich sind, zu dem einen und andern Zweck zu gelangen, kraft des gegenwärtigen Artikels die General-Garantie oben besagter Successions-Ordnung auf sich und verobligieren sich, dieselbe allemal, wenn es die Noth erfordert, wider wen es auch sein möchte, zu soutenieren und versprechen folglich auf die allernachdrücklichste Art, als immer möglich, diese Successions-Ordnung, welche Ihre kais. Majestät durch eine solenne Acte vom 19. April 1713, nach Art eines einigen, unzertrennlichen und untheilbaren Fideikommissi, in Faveur der Erstgeborenen vor alle Erben beiderlei Geschlechts Ihrer Majestät declarieret und etablieret, aus allen Kräften zu vertheidigen, zu maintenieren und — wie man sagt — zu garantieren, allemal, wenn es die Noth erfordert und wider wen es auch sein möchte".

Alle Königreiche, Fürstentümer und Provinzen des Hauses Österreich, wird sodann fortgefahren, hätten die neue Erbfolgeordnung einmütig angenommen. „Und da vermöge dieser Regel und Successions-Ordnung [...] der Erstgeborene Ihrer Prinzen [... — es folgen hier die anderen Erbfolgemöglichkeiten —] Ihrer besagten Kais. Majestät in allen Dero

---

[95] L. *Bittner*, Chronologisches Verzeichnis der österreichischen Staatsverträge, Bd. 1, 149 Nr. 788; der Text mit einer ausführlichen Einleitung bei *Alfred Francis Pribram* (Hrsg.), Österreichische Staatsverträge — England, Bd. 1: 1526 - 1748. (Veröffentlichungen der Kommission für neuere Geschichte Österreichs 3), Innsbruck 1907, 464 - 514. Vgl. ferner O. *Redlich*, Das Werden einer Großmacht, 339 und 248; H. L. *Mikoletzky*, Österreich, Das große 18. Jahrhundert, 126 - 129.

[96] Vgl. den Text bei *A. F. Pribram* (Hrsg.), Österreichische Staatsverträge — England, 531 - 548.

Königreichen, Provinzen und Domänen, so wie sie dieselben wirklich besitzen, ohne daß man jemals befugt sein könnte, dieselben in Faveur der- oder dererjenigen, welche — sie seien männlich oder weiblich — von den andern, dritten oder weiter hinausgesetzten Linie sein werden, oder endlich aus was für einer andern Ursache es sei, zu zertheilen oder zu zerstreuen, succedieren soll; und eben diese Ordnung und unzertheilbares Recht der Erstgeburt in allen Fällen [...] auf ewig soll gehalten und beobachtet werden, so entsprechen und verbinden sich Ihro Majestät der König von Großbritannien und Ihre Hochmögenden, die Herren Generalstaaten der vereinigten Niederlande, denjenigen oder diejenigen, welcher oder welche, nach der Regel der Ordnung, so man anjetzt vorlegt, in denen Königreichen, Provinzen und Domänen, welche Ihro Kais. Majestät wirklich besitzt, succedieren solle, zu maintenieren und verpflichten sich, gedachte Regel und Ordnung wider alle Diejenigen, welche diese Besitzung, auf waserlei Art es sei, vielleicht möchten troublieren wollen, auf ewig zu defendieren".

Vieles wiederholt sich in diesem Dokument bis in einzelne Formulierungen hinein. Doch ist bemerkenswert, daß hier das Problem der Erbfolge im Hause Österreich in einen Zusammenhang gerückt wird, der das Gesetzgebungswerk von 1713 als Bestandteil der europäischen Friedensordnung erscheinen läßt. Denn im Wiener Abkommen von 1731/32 wird nicht nur eine „General-Garantie" der auf ewig geltenden Sukzessions- und Unteilbarkeitsverfügung Karls VI. übernommen und ihre Einhaltung „auf die allernachdrücklichste Art" und „aus allen Kräften" sicherzustellen zugesagt, sondern ausdrücklich auch der Zweck genannt, um dessentwillen sich die Seemächte auf diese Bestimmung verpflichten ließen. So ging es nicht wie in den bisher angeführten Vereinbarungen nur um die bilaterale Bestätigung eines Erbfolgegesetzes. Vielmehr versicherte man sich in den Wiener Abmachungen gegenseitig, daß die Gewährleistung der österreichischen Sukzessionsordnung ein sicheres Mittel sei, um das europäische Aequilibrium und die allgemeine Ruhe zu erhalten. „Aus Antrieb eines eifrigen Verlangens", so der Vertragstext, „zu dem einen und andern Zweck zu gelangen", habe man die Garantie der Pragmatischen Sanktion auf sich genommen: Erbfolgeregelung also als Funktion nicht nur innenpolitischer Machtstabilisierung, sondern nicht weniger auch als Instrument zur Sicherung des mächtepolitischen Status quo, der allgemeinen Ruhe in Europa.

Im Wiener Vertrag wird diese Absicht nun in einer terminologischen Genauigkeit vorgebracht, die auf eine neue Dimension des politischen Kalküls verweist. Vor allem in der Verwendung des Begriffs vom Aequilibrium in Europa wird deutlich, daß hier — ausgehend von den Erfahrungen des Spanischen Erbfolgekrieges — der Versuch unternommen wurde, die Sukzessionsordnung und Unteilbarkeitsvorschrift des

Hauses Österreich im System einer gesamteuropäischen Machtbalance zu verankern. Denn gerade die englische Diplomatie war es ja, die im Friedensvertrag von Utrecht den Gedanken des Gleichgewichts der Kräfte wie eine „Verfassung" zur Geltung gebracht hatte, der zufolge kein Staat in Europa „die Unabhängigkeit oder die wesentlichen Rechte eines anderen, ohne wirksamen Widerstand von irgendeiner Seite und folglich ohne Gefahr für sich selbst, beschädigen" könne[97]. Gewiß handelte es sich hier primär um ein Steuerungs- und Befriedungsprinzip englischer Kontinentalpolitik. Aber diese Doktrin war mehr als die pragmatische, aus der Mechanik entlehnte Ordnungsvorstellung eines einzelnen Staates. Sie war „eine die Grenzen der Erfahrung transzendierende Idee aus dem Vermögen der Vernunft" und demzufolge geeignet, auch dem legitimen Sicherheits- und Geltungsbedürfnis anderer Mächte Rechnung zu tragen[98]. Im österreichischen Interesse jedenfalls lag es nicht minder als im englischen, daß über das Sukzessionsproblem im Hause Habsburg kein Konflikt ausbrach, der — wie die Spanische Erbfolgekrise — alle Rahmenbedingungen des europäischen Staatensy-

---

[97] *Ludwig Dehio*, Gleichgewicht oder Hegemonie. Betrachtungen über ein Grundproblem der neueren Staatengeschichte, Krefeld 1948, 74 ff.; *Fritz Wagner*, England und das europäische Gleichgewicht 1500 - 1914, München 1947, hier 34 - 38. Die geistes- und ideengeschichtliche Genese der englischen Balancevorstellung seit Francis Bacon bei *K. Kluxen*, Zur Balanceidee im 18. Jahrhundert, 44 - 53, und *Hans-Gerd Schumann*, Edmund Burkes Anschauungen vom Gleichgewicht in Staat und Staatensystem. (Marburger Abh. zur Polit. Wissenschaft 3), Meisenheim 1964, hier 108 - 123. Fragwürdig erscheint mir allerdings die Annahme Kluxens, daß im Rahmen des europäischen Gleichgewichts „das alte Erbfolgeprinzip zugunsten des neuen Balanceprinzips geopfert wurde" (53). Bedeutete das Vertragswerk von Utrecht wirklich „den Sieg des Balancegedankens über die Erbfolgeregeln"? Mir scheint, daß die Bemühungen um die außenpolitische Anerkennung der Pragmatischen Sanktion sehr eindrucksvoll belegen, wie sehr man bestrebt war, Sukzessionsordnung und Gleichgewichtsdoktrin miteinander in Einklang zu bringen. — Das Zitat bei *Friedrich Gentz*, Von dem wahren Begriffe eines politischen Gleichgewichts, in: ders., Ausgewählte Schriften, hrsg. von W. Weick, Bd. 4, Stuttgart - Leipzig 1838, 39.

[98] *K. Kluxen*, Zur Balanceidee im 18. Jahrhundert, 55. Aus der Vielzahl einschlägiger Studien zum Problem des europäischen Gleichgewichts vgl. ferner *Eberhard Vietsch*, Das europäische Gleichgewicht. Politische Idee und staatsmännisches Handeln, Leipzig 1942; ders., Die Tradition der großen Mächte, Stuttgart 1950, 74 ff.; *Paul Herre*, Völkergemeinschaftsidee und Interessenpolitik in den letzten Jahrhunderten, in: Festgabe für Gerhard Seeliger zum 60. Geburtstag, Leipzig 1920, 189 - 218; *Werner Näf*, Die europäische Staatengemeinschaft in der neueren Geschichte, Zürich - Leipzig 1943; *Gaston Zeller*, Le principe d'équilibre dans la politique internationale avant 1789, in: Revue historique 215 (1956), 25 - 37; *Georges Livet*, L'équilibre européen de la fin du XVe à la fin du XVIIIe siècle, Paris 1976, und *J. Kunisch*, Das Mirakel des Hauses Brandenburg, 24 - 42, die beiden letzten Werke mit weiterer Literatur. — Zur Begriffsgeschichte jetzt *Hans Fenske*, Gleichgewicht — Balance, in: Geschichtliche Grundbegriffe. Historisches Lexikon zur politisch-sozialen Sprache in Deutschland, hrsg. von Otto Brunner - Werner Conze - Reinhart Koselleck, Bd. 2, Stuttgart 1975, 959 - 996.

stems in Frage stellte. „Es war nicht nur die offenbahriste billichkeit", äußerte der Kaiser am 29. März 1731, daß man sich nach der Anerkennung der englischen, französischen und spanischen Erbfolgeordnung durch Österreich „zu dem reciproco gegen Uns hierüber einverstundte, sondern es hätte auch ohne diese Vorsehung keine versicherte ruhe in Europa stattfinden [und noch] weniger dessen Aequilibrium bestehen können"[99].

Insofern also konnten auch die Seemächte die Sukzession im Hause Österreich und die Unteilbarkeit der Erbländer zu ihrer Sache machen, ohne die eigenen Interessen zu verleugnen. Denn sie glaubten, zugleich mit der Sanktionierung der österreichischen Erbfolgeregelung die Ruhehaltung Europas auf der Grundlage des Status quo zu erreichen und einem Konflikt zuvorzukommen, der auch sie nicht unberührt lassen würde. Freilich geschah dieses „Aufsichnehmen" — wie es sinngemäß im Text heißt — nicht ohne zusätzliche Gegenleistung. So mußte sich der Kaiser zu dem Zugeständnis bequemen, daß seine Erbtochter Maria Theresia weder mit einem bourbonischen Prinzen noch mit einem Fürsten vermählt werde, durch dessen Besitz das gemeinsame Erbe so sehr anwuchs, daß auch dadurch wiederum das Gleichgewicht in Europa gestört würde[100]. Auch sollte kein kaiserlicher Untertan in den Niederlanden oder den österreichischen Ländern in Italien Handel mit Ostasien treiben. Aber die eigentlich entscheidende Gegenleistung bestand in der Auflösung der Ostendeschen Handelskompanie, deren glänzende Erfolge die Interessen der Seemächte immer stärker tangierten[101].

---

[99] Abgedruckt bei *C. v. Höfler* (Hrsg.), Der Congress von Soissons (Anm. 80), Bd. 2, 330 f. Ähnliche Überlegungen finden sich auch in einem „Memoire instructif" des Kaisers für den Grafen Königsegg, den österreichischen Bevollmächtigten in Paris, vom 25. Juni 1730. Er erwarte, schreibt Karl VI., eine Bestätigung seiner Erbfolgeordnung „en la même forme et generalité, en la quelle il s'en est chargé en faveur des autres Puissances". Darüber hinaus ist aber auch in dieser Denkschrift die Rede von der „repos de l'Europe", vom „équilibre" und dem „bien de toute la Chrétienté", um derentwillen es die Erbfolgeordnung des Hauses Österreich zu sichern gelte. Vgl. die entsprechenden Belege in der Edition von Höfler, 226 und 266. Vgl. zum Quellencharakter dieser Instruktionen und Berichte *C. v. Höfler*, Fragmente zur Geschichte Kaiser Karls VI. Nach geheimen brandenburgischen Archivalien und den Aufzeichnungen des Grafen Stefan Kinsky bearbeitet, in: Sitzungsberichte der Kaiserl. Akademie der Wissenschaften, Phil.-hist. Kl., Bd. 60, Wien 1868, 417 - 474, hier 431.

[100] *Adolf Beer*, Zur Geschichte der Politik Karl's VI., in: HZ 55 (1886), 1 - 70, hier bes. 69 f.

[101] Vgl. zur Frage der Ostendeschen Handelskompanie die Erläuterungen von *H. L. Mikoletzky*, Österreich. Das große 18. Jahrhundert, 123 - 129; vgl. ferner den Überblick von *Heinrich Benedikt*, Finanzen und Wirtschaft unter Karl VI., in: Der Donauraum 9 (1964), 42 - 58; ders., Die Monarchie des Hauses Österreich (Anm. 71), 43 - 46, und *Heinrich von Srbik*, Der staatliche Exporthandel Österreichs von Leopold I. bis Maria Theresia, Wien - Leipzig 1907.

Eine veränderte Auffassung von Politik setzte sich hier durch. Ihr Stoff war nicht mehr Recht und Gerechtigkeit oder Moral und Weltanschauung, sondern das freie Spiel der Kräfte im Rahmen festgelegter Größenordnungen. Sie entwickelte sich zu einem Tauschgeschäft der Kabinette, das temporäre Lösungen suchte und nur bedingte Ansprüche stellte. Das Gleichgewicht war dabei das regulative Ordnungsprinzip, das von allen Beteiligten beständige Wachsamkeit erforderte, weil jede Störung die Beziehungen aller zu allen berührte. Es war Rahmenbedingung und Richtschnur für das Maß der tragbaren Veränderungen im Staatensystem[102].

Der grundsätzliche Charakter, der dem Wiener Abkommen von 1731/32 zugemessen wurde, wird schließlich dadurch sichtbar, daß er der kaiserlichen Diplomatie in dem Bestreben, die Anerkennung der Pragmatischen Sanktion auch im übrigen Europa zu erreichen, als Grundlage weiterer Staatsverträge diente. So erlangte er besonders in den Beratungen des Reichstags eine große Bedeutung. Aufschlußreich ist zunächst, mit welchen Argumenten Karl VI. dem Reichstag den Wunsch nach Bestätigung seiner Erbfolge- und Unteilbarkeitsregelung unterbreitete. Er habe, heißt es im kaiserlichen Commissions-Decret vom 19. Oktober 1731, die Zuversicht, „daß gleichwie die Macht Dero Erzhauses forthin zur Vormauer der Christenheit, anbei dazu dienen würde, die Freiheit Europas und bevorab des Ihro Kais. Majestät so hoch angelegenen werthen Vaterlandes gegen alle fremden Angriffe und widrigen Unternehmungen kräftigst zu vertheidigen, also auch ein jeder patriotisch gesinnter Reichsstand unschwer erkennen und beherzigen werde, daß von unzertrennter Erhaltung solcher Macht seine selbsteigene, nebst der allgemeinen Sicherheit und Wohlfahrt abhange"[103].

---

[102] Dazu im einzelnen K. Kluxen, Zur Balanceidee im 18. Jahrhundert, 53 - 58.
[103] [Johann Jakob Schmauß - Heinrich Christian von Senckenberg (Hrsg.)], Neue und vollständige Sammlung der Reichs-Abschiede, welche von den Zeiten Kaiser Konrads II. bis jetzt auf teutschen Reichs-Tagen abgefasset worden, samt den wichtigsten Reichsschlüssen, so auf dem noch fürwährenden Reichstage zur Richtigkeit gekommen sind, 4 Teile in 2 Bdn., Frankfurt a. M. 1747, hier Tl. 4, 386 - 393, das Zitat 386. Vgl. hierzu im folgenden auch Hans von Zwiedenick-Südenhorst, Die Anerkennung der pragmatischen Sanktion durch das deutsche Reich, in: MIÖG 16 (1895), 276 - 341; M. Naumann, Österreich, England und das Reich 1719 - 1732 (Anm. 89), 166 - 185, und Hugo Hantsch, Reichsvizekanzler Friedrich Karl Graf von Schönborn (1674 - 1746). Einige Kapitel zur politischen Geschichte Kaiser Josefs I. und Karls VI. (Salzburger Abhandlungen und Texte aus Wissenschaft und Kunst 2). Augsburg 1929, 325 - 335, hier bes. 332 f. Einen authentischen Einblick in die Argumentation der kaiserlichen Diplomatie gewähren darüber hinaus die bei Zwiedenick-Südenhorst (s. o.) als Beilage abgedruckten Konferenz-Vorträge Johann Christoph Bartensteins vom 25. Juni und 19. August 1731; vgl. in diesem Zusammenhang vor allem 326 - 328 und 338.

III. Dynastische Krisen als „conjonctures favorables"

Der Kaiser war davon überzeugt, daß sich im wohlverstandenen Interesse aller Reichsstände die Einsicht durchsetzen werde, daß Freiheit, Sicherheit und Wohlfahrt des Vaterlandes und ganz Europas wirksam nur durch die ungeschmälerte Erhaltung des Erzhauses — als der „Vormauer der Christenheit" — gesichert werden könne. Er appellierte an das Eigeninteresse der Reichsfürsten, indem er sich mit dem verdeckten Hinweis auf die Türkengefahr eines Arguments bediente, dessen Legitimität durch den Verfassungsauftrag des Kaisers, Christenheit und Reich zu schützen, nicht angezweifelt werden konnte. Auch hier also der Versuch, das Interesse der Dynastie auf Wahrung ihrer staatlich-territorialen Integrität mit den Funktionen zu verknüpfen, die dem Hause im Rahmen der Staatengemeinschaft zugefallen waren[104].

Das gegen die Stimmen Kurbayerns und der Landgrafschaft Leuchtenberg angenommene Votum des Reichstags wurde im Reichsgutachten vom 11. Januar 1732 niedergelegt[105]: „In Dero so gerecht, als höchstbilliges zu des gesammten Teutschen Reichs selbsteigener Conservation, Heil und Besten gereichendes Verlangen und Angesinnen der Garantie oder Gewährung der in Ihrem durchlauchtigsten Erzhause eingeführten und von Deroselben unter dem 19. April 1713 erklärten Erbfolge-Ordnung in allen von Gott verliehenen dermal besitzenden Erb-Königreichen und Landen auf Mass und Weise des II. Artikels des zwischen Allerhöchst erwähnter Kais. Majestät und der Krone England am 16. März des abgewichenen 1731. Jahres abgeschlossenen Tractats etc. von Reichswegen, wie hiemit geschieht, zu geheelen, zu consentieren und zu übernehmen, mithin so oft, als Der- oder Diejenige, welchem oder welcher die Succession nach Mass obgedachter Erbfolge-Ordnung gebühren

---

[104] Vgl. zur Obliegenheit des Kaisers, der Christenheit und dem Reich Schutz gegen die Ungläubigen zu gewähren, *Hans Sturmberger*, Türkengefahr und österreichische Staatlichkeit, in: Südostdeutsches Archiv 10 (1967), 132 - 145, hier besonders 139; vgl. ferner den umfassenden Überblick von *Rudolf Neck*, Österreich und die Osmanen, in: Mitteilungen des Österreichischen Staatsarchivs 10 (1957), 434 - 468; *J. Kunisch*, Das Nürnberger Reichsregiment und die Türkengefahr, in: Historisches Jahrbuch 93 (1972), 57 - 72; *Hans Wagner*, Österreich und die Türken, in: Österreich und die Türken. (Internationales Kulturhistorisches Symposion Mogersdorf, Bd. 1), Eisenstadt 1972, 13 - 27, und *Hans Georg Mager*, Die Türken — Gegner des Westens am Ende des 17. Jahrhunderts, in: Kurfürst Max Emanuel. Bayern und Europa um 1700, hrsg. von Hubert Glaser, 2 Bde., München 1976, hier Bd. 1: Zur Geschichte und Kunstgeschichte der Max-Emanuel-Zeit, 362 - 372.

[105] Vgl. zu Einzelheiten der Beratungen *O. Redlich*, Das Werden einer Großmacht, 338 ff.; *H. v. Zwiedinek-Südenhorst*, Die Anerkennung der pragmatischen Sanktion durch das deutsche Reich, und *M. Naumann*, Österreich, England und das Reich 1719 - 1732 (Anm. 89), 166 - 185. Zur Zuspitzung der Haltung Bayerns in der Frage der Anerkennung der Pragmatischen Sanktion *Wolf-Dieter Peter*, Johann Georg Joseph Graf von Königsfeld (1679 - 1750). Ein bayerischer Adliger des Ancien régime. (Regensburger hist. Forschungen 7), Kallmünz 1977, 284 - 304.

würde, in dem Besitz einiger von Ihro Kais. Majestät dermalen innehabenden Erb-Königreichen und Landen auf einigerlei Weise angefochten werden sollte, Der- oder Dieselbe gegen jedermänniglichen, der etwa solche unzertrennliche Posession zu stören oder zu turbieren sich anmassen würde, zu allen Zeiten mit allen Kräften zu schützen, zu manutenieren, auch bedürfenden Falles zu wirklicher Vollziehung solcher Reichs-Gewährung das Nöthige demnächst zuverlässig zu leisten und zu prästieren sei, dahingegen das Reich auch auf alle unverhoffte widrige feindliche Gefahr und Angriff sich einer mitverbundenen nöthigen Beihilfe getröstete"[106]. Soweit das Reichsgutachten. Es wurde am 4. Februar 1732 durch den Kaiser ratifiziert und erhielt dadurch als Conclusum Imperii reichsgesetzliche Gültigkeit[107].

Bemerkenswert also der Rückgriff auf den Wiener Vertrag von 1731/32. Aber darüber hinaus wird in der Stellungnahme des Reichstags auch die kaiserliche Insinuation übernommen, daß die Erbfolgeordnung des Hauses Österreich zu des Reiches eigener Sicherheit gereiche, so daß, wenn der Thronfolger — sei er männlichen oder weiblichen Geschlechts — in seinem legitimen Besitz angefochten werden sollte, die Reichsstände seine Ansprüche „mit allen Kräften" zu schützen verpflichtet seien.

Hier gelingt also einmal mehr die Verankerung der österreichischen Sukzessionsordnung in einem übergreifenden System von rechtlichen Bindungen, das nach Auffassung des Abbé de Saint-Pierre ebenso wie Rousseaus geeignet war, vom Herzen Europas aus alle anderen Mächte im Zaum zu halten und der Sicherheit der anderen vielleicht noch mehr zu dienen als der eigenen. Die Verfassung des Reiches, äußert Rousseau, sei allen von Nutzen, weil sie „die Mittel und den Willen zu Eroberungen" begrenze. Denn „ungeachtet ihrer Fehler sei es unbestreitbar, daß, solange sie besteht, das Gleichgewicht in Europa nicht verletzt werden kann" und kein Herrscher zu fürchten habe, von einem andern entthront zu werden[108].

Auch Ranke hat sich in diesem Sinne zu den Eigentümlichkeiten des Reiches als einer Rechtsgemeinschaft geäußert, die über einen Interessenausgleich im Innern hinaus zur Stabilisierung des europäischen Staatensystems entscheidend beigetragen habe. Es sei, schreibt er in einem

---

[106] Neue Sammlung (Anm. 103), 393 - 395, das Zitat 394 f.
[107] Ebd., 395 f.
[108] *Jean Jacques Rousseau*, Auszug aus dem Plan des Ewigen Friedens des Herrn Abbé de Saint-Pierre von 1756/1761; vgl. die Übersetzung bei *Kurt von Raumer*, Ewiger Friede. Friedensrufe und Friedenspläne seit der Renaissance, Freiburg - München 1953, 351 f. — mit Hinweisen auf die Originalfassung. Vgl. zur Neubewertung des Reiches im Mächtesystem ferner ders., 1648/1815: Zum Problem internationaler Friedensordnung im älteren Europa, hier bes. 112 - 114 und 121 f.

III. Dynastische Krisen als „conjonctures favorables"

Exkurs aus dem Jahre 1838, die „Idee einer höheren Gemeinschaft": „die Idee des Vaterlandes und des Rechts", „durch welche die Übertreibungen der Gewalt unmöglich werden sollen". In allen anderen Staaten „ist die Idee des Rechts an den Inhalt der Gewalt geknüpft gewesen; [...] in Deutschland gab es immer über allen den einzelnen Staatsgewalten noch etwas, was nicht wieder Gewalt war, sondern den Einwirkungen derselben, soviel als möglich entrückt, auf dem Boden der Reichsgesetze, der Vergangenheit und der Gelehrsamkeit ruhend, die Idee eines rechtlichen juridisch gesicherten Zustandes an und für sich repräsentierte"[109].

Das Reich mochte auch Karl VI. wie das Modell jener „Idee einer höheren Gemeinschaft" erscheinen, in der die Integrität der Einzelstaaten nicht nur auf der Fähigkeit beruhte, sich durch Anwendung von Gewalt zu behaupten, sondern auf einem System von rechtlichen Bindungen, das allen gleichermaßen diente. Der Kaiser hatte zwar den Rat des Reichsvizekanzlers Friedrich Karl von Schönborn, die „österreichische successions-ordnung und die aufsicht zu wahl-, kriegs- und friedenszeiten" durch „einen beständigen österreichischen militärfueß" im Reich zu sichern, nicht ausdrücklich aus reichsrechtlichen Bedenken abgelehnt[110]. Vielmehr schien ihm lediglich „die dermahlige zeit und umb-

---

[109] *Leopold von Ranke*, Über einige noch unbenutzte Sammlungen deutscher Reichstagsakten, in: ders., Deutsche Geschichte im Zeitalter der Reformation. Historisch-kritisch hrsg. von Paul Joachimsen, 6 Bde., München 1925/26, hier Bd. 6, 479. Auch *Arnold Herrmann Ludwig Heeren* hat in seinem „Handbuch der Geschichte des Europäischen Staatensystems und seiner Colonien von der Entdeckung beyder Indien bis zur Errichtung des Französischen Kaiserthrons", 4. Aufl., erschienen in: ders., Historische Werke Bd. 8 und 9, Göttingen 1822, hier Bd. 9, 419, vom Reich als jenem Glied des europäischen Staatensystems gesprochen, dessen hohe Bestimmung es war, "der Friedensstaat von Europa" zu sein. Im übrigen scheint mir zutreffend, was Heinrich Strakosch zu der friedensbewahrenden Funktion des Reiches im Mächtesystem des *ancien régime* bemerkt hat. „Das Reich", schreibt er, „konnte Kriege nicht verhindern, aber es erhielt die Unabhängigkeit der europäischen Staaten dadurch, daß es die Beherrschung des für die Machtbildung in Europa entscheidenden mittleren Raumes durch einen einzelnen Staat ausschloß"; H. Strakosch, Privatrechtskodifikation und Staatsbildung in Österreich (1753 - 1811). (Österreich-Archiv), Wien - München 1976, 8. Vgl. zu den hier berührten Fragen ferner die umfassenden Studien von *Albrecht Randelzhofer*, Völkerrechtliche Aspekte des Heiligen Römischen Reiches nach 1648. (Schriften zum Völkerrecht 1), Berlin 1967, hier bes. den fünften Teil: 199 ff.

[110] Vgl. die hier angeführten Passagen aus der Denkschrift Schönborns vom 27. Februar 1730 bei H. Hantsch, Reichsvizekanzler Friedrich Karl Graf von Schönborn (Anm. 103), 328 f. Schönborns Vorschläge gründeten sich auf die Überlegung, „daß ... E. ksl. Mt. erzhaus, welches gegen das reich überall ganz offen ist, bei denen despotischen umbständen der heutigen welt ohne anhang in dem reich und ohne allerdorten gegenwärtige macht schwerlich bestehen und in sicherheit sich werde halten können, und daß dahero menschenmöglich zu trachten seie, damit alldorten, d. i. in dem deutschen reich zu allerlei vorfallenheiten und sonderlich zu dienst Dero frauen tochtern ein beständiger österreichischer militärfueß könne festgesetzet und erhalten werden".

standten" für „die völlige execution dieses projects alsogleich in ein undt anderen beschwehrlich" zu sein. Er hielt es deshalb für ratsam, „daß alles so vill moglich unvermerkt und ohne zu großes aufsehen im reich geschehe undt nach undt nach behutsamb eingeleitet werde"[111]. Doch wird hier eine Verhaltensweise sichtbar, die Bestehendes anzutasten zögerte. Und insofern konnte es als ein großer Erfolg der kaiserlichen Diplomatie gelten, daß die Erbfolge- und Unteilbarkeitsregelung des Hauses Österreich auch durch ein Reichsgesetz abgesichert wurde. Denn gerade auf diesem Wege konnte man hoffen, den „Übertreibungen der Gewalt" — wie Ranke sich ausdrückt — zuvorzukommen[112].

---

[111] Das kaiserliche Reskript ebenfalls bei *H. Hantsch*, Reichsvizekanzler Friedrich Graf von Schönborn, 329 f. Soviel, meint Hantsch (335), mochte der Kaiser nicht wagen, „zumal sein Rechtsempfinden die Nachfolge durch so viele Verträge und feierlichste Beschlüsse genügend gesichert glaubte".

[112] In der historiographischen Beurteilung der Bemühungen Karls VI. um die außenpolitische Anerkennung der Pragmatischen Sanktion schwingt unüberhörbar der Vorwurf mit, daß die Gutgläubigkeit des Kaisers beim Abschluß derartiger Garantieerklärungen völlig unrealistisch gewesen sei. Friedrich Walter etwa spricht in diesem Zusammenhang voller Verächtlichkeit „von den verfehlten Voraussetzungen Karls VI., die sich von einem seltsamen Vertrauen in zwischenstaatliche Deklarationen herleiteten". Man hätte sich statt all der „schönen Zusagen", die sich dann „nur als wertloses Stück Papier" erwiesen, lieber auf ein schlagkräftiges Heer verlassen sollen, wie es ja angeblich auch der Prinz Eugen empfohlen habe. Doch wird eine solche allzu offenkundig am Machtstaatsideal der späteren Neuzeit orientierte Auffassung den Gegebenheiten einer Epoche nicht gerecht, die sich in Theorie und Praxis sehr ernsthaft um die Eingrenzung des Krieges als Mittel der Politik bemüht hat. Es ist eine Zeit, die auf den Kongressen in Cambrai (1724) und Soissons (1728) den Versuch unternahm, unter Absehung militärischer Gewaltanwendung eine gewisse Machtbalance in Europa zu erhalten und zu befestigen. Mir scheint, daß dieser Zusammenhang bei der Einschätzung der Anerkennungspolitik Karls VI. zu beachten ist. Vgl. dazu auch K. *Kluxen*, Zur Balanceidee im 18. Jahrhundert, 53 - 68, bes. 57; *K. von Raumer*, 1648/1815: Zum Problem internationaler Friedensordnung im älteren Europa, 122 ff., und *H. O. Kleinmann*, Titelführung und Rechtsanspruch. Bemerkungen zum „österreichischen" Titel des Katholischen Königs im 18. Jahrhundert, 139 - 141. Man solle, meint Kleinmann (139), im Unterschied zu den vorwiegend machtstaatlichen Prämissen der älteren Historiographie von Fragestellungen ausgehen, „die das Recht nicht nur als eine moralische, aus veralteten Rechtsvorstellungen kasuistisch zusammengeflickte Verpackung des harten Staatsräson-Kerns behandeln, sondern vielmehr die aus privatrechtlichen und staatsrechtlichen Elementen zusammengesetzten Verfassungsinstitutionen des monarchischen Staates im Ancien régime und die ihnen zugrunde liegenden Rechtsauffassungen berücksichtigen".

Vgl. F. Walters Äußerungen in seinem aus dem Nachlaß herausgegebenen Werk: Österreichische Verfassungs- und Verwaltungsgeschichte (Anm. 82), 84. Ähnlich urteilt *F. Wagner*, Kaiser Karl VII. und die großen Mächte (Anm. 122), 76 - 78, und *O. Redlich*, Das Werden einer Großmacht, 335 f. Zu der höchst differenzierten und offenbar keineswegs eindeutigen Haltung des Prinzen Eugen vgl. *M. Braubach*, Prinz Eugen von Savoyen. Eine Biographie, hier Bd. 4: Der Staatsmann, München - Wien 1965, 262 ff., bes. etwa 365 f.

Redlich freilich äußert an anderer Stelle (340) die Überzeugung, daß die Reichsgarantie ebenso wie die Anerkennung der Pragmatischen Sanktion

III. Dynastische Krisen als „conjonctures favorables"

Am längsten widersetzte sich Frankreich einer Garantieerklärung für die Pragmatische Sanktion[113]. Doch kam auch diese schließlich im Rahmen des großen europäischen Ländertausches am Ende des Polnischen Thronfolgekrieges zustande, der dem Hause Österreich nicht zuletzt als Preis für die Anerkennung seines Erbfolgegesetzes den Verlust von Neapel und Sizilien einbrachte[114]. Der Kaiser hatte schon in einem Reskript vom 29. März 1731 an den österreichischen Geschäftsträger in Paris die Meinung vertreten, daß die Krone Frankreich zu einer „Guarantieleistung nach allen billichkeits Reglen auch ihres orths verbunden wäre". Denn man könne „daselbsten gegen das, was in gegenwärtigem Articul [dem Artikel 3 des Wiener Vertrages von 1731] ausbedungen worden, nicht das mindeste einwenden, ohne sich untereinstem blosszugeben, dass die heimblichen absichten von denen äusserlichen bezeugungen weit entfernet seynd, so wir aber von des Cardinal de Fleury immerzu contestirten guten intention und Friedensbegierden keineswegs vermuthen wollen"[115].

Doch erst im Frieden von Wien vom 18. November 1738 wurde unter Hinweis auf den englisch-österreichischen Traktat von 1731 und den Reichsabschied von 1732 zugesagt, die Erbfolgeregelung des Hauses Habsburg mit aller Macht „verbindlich zu machen" und „zur wirklichen Vollstreckung zu bringen". Darüber hinaus wurde auch hier noch einmal unterstrichen, daß es für den allgemeinen Ruhestand und die Erhaltung eines dauerhaften Gleichgewichts in Europa kein besseres Mittel gäbe,

---

durch die auswärtigen Mächte „der Abschluß der Großmachtbildung Österreichs" gewesen seien. Ich stimme dieser Auffassung insofern zu, als in dem ganzen Vorgang der Verankerung des österreichischen Hausgesetzes in der europäischen Mächtepolitik tatsächlich ein wesentliches Element neuzeitlicher Staatsbildung enthalten ist. Denn hier wird ja nicht nur möglichen „Dismembrationen" vorgebeugt, sondern das eigene, zum Grundgesetz erhobene Verfassungsprinzip zum Gegenstand internationaler Verträge gemacht.

[113] Zur Haltung Frankreichs ausführlich *J. V. A. Duc de Broglie*, Le Cardinal de Fleury et la Pragmatique Sanction, in: Revue Historique 20 (1882), 257 - 284; ders., Friedrich II. und Maria Theresia nach neuen archivalischen Quellen. 1740 - 1742. (Deutsche Übersetzung von Oskar Schwebel), Minden 1884, hier bes. 219 - 249; *Maurice Sautai*, Les préliminaires de la guerre de la succession d'Autriche, Paris 1907, und *Arthur McCandless Wilson*, French Foreign Policy during the Administration of Cardinal Fleury 1726 - 1743. A Study in Diplomacy and Commercial Development. (Harvard Historical Studies 40), Cambridge 1936, 233 f., 276 f. und 328 - 331.
Zum Problem der spanischen Erbansprüche vgl. *H. O. Kleinmann*, Titelführung und Rechtsanspruch. Bemerkungen zum „österreichischen" Titel des Katholischen Königs im 18. Jahrhundert, 138 - 146.

[114] Vgl. zu den Einzelheiten *M. Braubach*, Versailles und Wien von Ludwig XIV. bis Kaunitz. Die Vorstadien der diplomatischen Revolution im 18. Jahrhundert. (Bonner hist. Forschungen 2), Bonn 1952, 186 ff.; zusammenfassend *H. L. Mikoletzky*, Österreich. Das große 18. Jahrhundert, 136 ff.

[115] *C. v. Höfler* (Hrsg.), Der Congress von Soissons (Anm. 80), Bd. 2, 331.

1. Die Erbfolgeregelung im Hause Österreich 61

als die Handhabung dieser Sukzessionsordnung „in der Form eines ewigwährenden, unzertrennlichen und untheilbaren Fideikommisses [. . .] wider Alle und Jede, so oft es die Noth erfordern wird", sicherzustellen[116].

Auch Frankreich stimmte also als letzte der europäischen Hegemonialmächte der Einbindung des österreichischen Hausgesetzes in die Mächtepolitik zu und anerkannte damit den Grundsatz, daß die hausinterne Regelung der Erbfolge derjenigen Fürstenstaaten Europas, die in der großen Politik der Kabinette die Rolle einer Ordnungsmacht spielten, durchaus im Interesse des Staatensystems lag[117]. Denn es hatte sich nach dem Spanischen Erbfolgekrieg die Erkenntnis durchgesetzt, daß ohne derartige verfassungsrechtliche und öffentlich erklärte Fixierungen eine Steuerung der Staatspolitik nicht geleistet werden konnte. Hausgesetze und Erbfolgeregelungen gehörten demzufolge zu den unerläßlichen Voraussetzungen einer Politik, die sich die Erhaltung des mächtepolitischen Gleichgewichts in Europa und den allgemeinen Ruhestand auf der Grundlage des Status quo zum Ziel gesetzt hatte. Sie waren Ausdruck eines Rationalisierungswillens, der im Laufe des 18. Jahr-

---

[116] *L. Bittner*, Chronologisches Verzeichnis der österr. Staatsverträge Bd. 1, 162 f. Nr. 859. Der Text (in lateinischer Sprache) bei *Johann Jakob Schmauß*, Corpus juris publici Sacr. Rom. Imperii academicum, 2. Aufl., 2 Bde., Leipzig 1774, hier Bd. 2, 1474 f.

[117] Johann Christoph Bartenstein, Staatssekretär Karls VI. und Maria Theresias, resümiert in seinen „Gedanken über den gegenwärtigen Zustand des Erzhauses" von 1762, daß es der kaiserlichen Diplomatie gelungen sei, „nicht nur fast alle Europaeische Mächte, sondern auch das gesamte Reich und noch insbesondere dessen vornehmste Stände nach und nach dahin zu bewegen, daß Sie sich zu dieser Erbfolgs Ordnung Gewehrung auf das bündigste anheischig gemacht haben. Sogar die Cron Spanien ist im Jahr 1725 anderen hierinnfalls vorgegangen, und die drey geistlichen Churfürsten, dann Chur-Bayern und Chur-Pfalz haben sich durch ihren Beytritt zum Tractat vom 30. April 1725 darzu ebenmässig verbunden, auch Chur Cöllen diese Verbindlichkeit nachhero nochmahlen wiederhohlet. Russland ist im Jahre 1726 und der König von Preussen im Jahre 1728 nachgefolget. Der König von Engelland hat sowohl als König, als quà Churfürst im Jahre 1731 die nemliche Gewehrleistung übernohmen, und die Republik Holland das Jahr darauf das eygene gethan. Worauf die Garantie des gesamten Reichs, der Cron Dännemarck, dann insbesondere der Herzogen von Sachsen Weymar, Sachsen Eisenach und Sachsen Gotha, dann des Landgrafen von Hessen Cassel und des Herzogs von Würtemberg bald nachgefolget. Im Jahre 1733 hat sich dazu Chur Sachsen gleichfalls einverstanden, und endlichen auch die Cron Franckreich sowohl in denen Friedens Praeliminarien vom Jahre 1735, als auch im definitiv-Friedens Tractat vom Jahre 1738, mithin kurz vor des höchstseeligsten Kaysers Todt die Pragmatische Sanction kräfftigst zu verthädigen heylig zugesagt." Vgl. den Wiederabdruck dieses „zum Unterricht Seiner Königl. Hoheit des Durchleuchtigsten Cronprinzen" (123) bestimmten Memorandums bei *Alfred von Arneth*, Johann Christoph Bartenstein und seine Zeit, in: Archiv für Österreichische Geschichte 46 (1871), 1 - 214, hier 122. Vgl. zur Frage der Anerkennung der Pragmatischen Sanktion durch die Kurie *Peter Anton Kirsch*, Die Anerkennung der Erbrechte Maria Theresias durch den Hl. Stuhl, in: Hist. Jb. 26 (1905), 334 - 339.

hunderts immer deutlichere Konturen annahm. Das Denken dieser Zeit suchte nach klaren, kalkulierbaren und in zunehmendem Maße auch rechtlich abgesicherten Rahmenbedingungen, um die großen Linien der Politik vorausplanend berechnen zu können.

2. Der Erbfolgekonflikt des Jahres 1740

Nun ist ungeachtet aller Bemühungen, die Pragmatische Sanktion „pro basi des dermahligen Systematis in Europa"[118] zu legen, über das Erbe Karls VI. ein Krieg ausgebrochen, der kaum weniger als der Spanische Erbfolgekrieg weite Teile des Kontinents in Mitleidenschaft zog. Was waren die Ursachen dieses Konflikts, der das ganze, überaus kunstvoll abgesicherte Gebäude einer auf innen- wie außenpolitische Stabilisierung gerichteten Politik zum Einsturz brachte?

Ein zu Rangstreitigkeiten und Fehldeutungen Anlaß gebendes Problem der Erbfolgeregelung Karls VI. war von Anfang an die Verfügung über die Aufeinanderfolge der beiden Linien. Denn es war festgelegt worden, daß unter den Erzherzoginnen die älteste Tochter des letzten männlichen Erben und dann deren Deszendenz den Thron besteigen sollte. Das bedeutete konkret, daß der Erbtochter Karls VI., des jüngeren also der beiden Brüder, der Vorrang vor den weiblichen Nachkommen des älteren und allen Schwestern und Nichten des Kaisers gebührte. Gerade die Rivalitäten in dieser Frage waren es ja in erster Linie, die zur Promulgation des Erbfolgegesetzes am 19. April 1713 geführt hatten[119]. Aber auch durch die nochmalige und nun für alle Betroffenen verbindlich gemachte Festlegung der 1703 erstmals fixierten Erbfolgeordnung schienen nicht alle Vorbehalte ausgeräumt worden zu sein.

Aus Anlaß der Vermählung der beiden Töchter Josefs I. wurden deshalb Verträge aufgesetzt, in denen die Nichten des Kaisers noch einmal ausdrücklich allen Erbansprüchen zu entsagen hatten. So leistete die ältere, Maria Josefa, mit ihrem Gemahl, dem sächsischen Kurprinzen Friedrich August, 1719, die jüngere, Maria Amalia, mit ihrem Bräutigam, Karl Albert von Bayern, 1722 feierlich und in aller Form Verzicht auf das kaiserliche Erbe — „pro basi et lege pragmatica"[120]. Und obwohl man, schreibt Hanns Mikoletzky, „die Hinfälligkeit derartiger Renun-

---

[118] Eine Formulierung aus dem kaiserlichen Reskript an den österreichischen Botschafter in Paris vom 29. März 1731, abgedruckt bei C. v. Höfler (Hrsg.), Der Congress von Soissons (Anm. 80), Bd. 2, 331.

[119] O. Redlich, Das Werden einer Großmacht, 323 - 326.

[120] Ebd., 327 - 330, das Zitat 328 aus einer Verordnung des Kaisers vom 18. April 1719; vgl. ferner G. Turba, Die Grundlagen (Anm. 75), Bd. 2, 180 ff. u. 462 ff. Der Wortlaut der Renuntiationen bei G. Turba, Die Pragmatische Sanktion. Authentische Texte, 54 ff.

2. Der Erbfolgekonflikt des Jahres 1740

tiationen seit den Eheschließungen der letzten spanischen Habsburgerinnen eigentlich noch in allen Gliedern hätte spüren müssen, glaubte man sich diesmal besonders gesichert und hatte doch wieder etwas außer acht gelassen". Denn Kurfürst Max Emanuel von Bayern hatte in der Verzichtserklärung seines Sohnes lediglich verlauten lassen, daß „man zur gegebenen Zeit nicht auf Grund *dieser jüngsten* österreichischen Heirat Erbansprüche erheben werde". Es erscheine kaum glaublich, fährt Mikoletzky fort, „daß man am Kaiserhof sich nicht auch die Möglichkeit zwar zweifelhafter, aber immerhin möglicher Erbansprüche Bayerns auf Österreich aus früherer Zeit vor Augen führte und sich dagegen salvierte. Jetzt rächten sich die wechselseitigen Verbindungen des 16. Jahrhunderts, mit deren Hilfe man Land um Land zu erheiraten hoffte: Hatte doch 1546 die Erzherzogin Anna, die zweitälteste Tochter Kaiser Ferdinands I., den damaligen Erbprinzen und späteren Herzog Albrecht V. von Bayern, geehelicht"[121]. Jedenfalls dienten nun der Ehevertrag Annas und das Testament ihres Vaters zu einer Modifizierung der bayerischen Verzichtserklärung, deren Hintersinn zunächst verborgen blieb.

Klarheit über die Absichten des Hauses Wittelsbach erhielt man erst, als nach dem Tod Karls VI. am 20. Oktober 1740 der bayerische Gesandte am Wiener Hof, Graf Perusa, sofort erklärte, daß der Kurfürst die Kaisertochter als Thronerbin nicht anerkenne und bis zur Klärung der bayerischen Erbansprüche alles zu sistieren wünsche[122]. Vor allem müsse er auf der Vorlage des Testaments Kaiser Ferdinands I. bestehen. Erst jetzt gestattete der Wiener Hof, was im Sinne einer Richtigstellung der durch Max Emanuel angedeuteten Erbansprüche schon viel früher hätte geschehen müssen[123]. Am 3. November 1740 versammelte der Obersthofkanzler Graf Sinzendorf die Vertreter Sachsens, Preußens, Hannovers, Englands und Rußlands und am nächsten Tag den päpstlichen Nuntius sowie die Botschafter Frankreichs, Venedigs und Bayerns

---

[121] *H. L. Mikoletzky*, Österreich. Das große 18. Jahrhundert, 124 f.; vgl. ferner *O. Redlich*, Das Werden einer Großmacht, 329 f.

[122] Ein erster öffentlicher Protest Bayerns gegen die Erbfolgeregelung Karls VI. und ihre Anerkennung durch das Reich war allerdings schon im Kurkolleg am 11. Januar 1732 erhoben worden; vgl. im einzelnen *O. Redlich*, Das Werden einer Großmacht, 340; vgl. darüber hinaus ausführlich *Alfred von Arneth*, Geschichte Maria Theresias 1, Wien 1863, 98 ff., und *Fritz Wagner*, Kaiser Karl VII. und die großen Mächte, 1740 bis 1745, Stuttgart 1938, 79 ff. Zur Haltung der kurbayerischen Gesandtschaft am Reichstag ferner *W.-D. Peter*, Johann Georg Joseph Graf von Königsfeld (1679 - 1750) (Anm. 105), 284 - 304.

[123] Es erscheint unbegreiflich, daß man in Wien die mehrfache, schon 1736 geäußerte Aufforderung Fleurys, die bayerischen Erbschaftsansprüche offiziell zu widerlegen oder durch eine freundschaftliche Verständigung aus der Welt zu schaffen, als eine Zumutung abtat. Die Belege bei *M. Braubach*, Versailles und Wien von Ludwig XIV. bis Kaunitz, 316 f. und 339; vgl. ferner *F. Wagner*, Kaiser Karl VII. und die großen Mächte, 6 - 9.

64   III. Dynastische Krisen als „conjonctures favorables"

und zeigte ihnen die eigenhändig unterzeichnete testamentarische Verfügung Ferdinands. Graf Perusa war genötigt, sich davon zu überzeugen, daß die Nachkommen der Herzogin Anna von Bayern auch im vielfach auf seine Echtheit hin untersuchten Original nicht nach dem Aussterben der „männlichen", sondern erst nach dem der „ehelichen" Deszendenz zur Nachfolge im Hause Österreich berufen seien. Darunter waren also auch die Töchter zu verstehen.

Kurfürst Karl Albert hielt gleichwohl an seinen Erbansprüchen fest. Er protestierte gegen den Herrschaftsantritt Maria Theresias und behielt sich weitere Schritte vor. Obwohl man in Wien ahnte, daß eine derart schroffe Haltung nur mit Rückendeckung eines Verbündeten — möglicherweise Frankreichs — durchzuhalten war, glaubte man trotz wachsender Skepsis den Versicherungen des greisen Fleury, des „Friedensministers", trauen zu dürfen[124].

Der Stein kam jedoch von anderer Seite ins Rollen. Am 16. Dezember 1740, also mitten im Winter, überschritten preußische Truppen die schlesische Grenze und entfesselten einen Krieg, der angesichts der offen zutage tretenden Desorganisation des österreichischen Heerwesens sogleich den Gesamtbestand des Hauses Habsburg in Frage zu stellen schien[125]. Denn er veranlaßte eine Reihe bisher noch zögernder Mächte, unter Zurückstellung aller völkerrechtlichen Bedenken zu den Waffen zu greifen, um sich im Getümmel der Interessenten den selbst erhofften Teil der *Spolia Austriaca* zu sichern. So wurde erneut der *circulus vitiosus* gewalttätiger Rivalität in Gang gesetzt, dessen Unentrinnbarkeit man in Wien mit der teuer erkauften Anerkennung der Pragmatischen Sanktion gerade außerkraft zu setzen gehofft hatte.

Die Rechtsdeduktionen für den Zugriff Preußens waren ebenso fadenscheinig wie nebensächlich[126]. Sie dienten rücksichtsloser noch als im

---

[124] *H. L. Mikoletzky*, Österreich. Das große 18. Jahrhundert, 178; *M. Braubach*, Versailles und Wien von Ludwig XIV. bis Kaunitz, 340 - 344, und *F. Wagner*, Kaiser Karl VII. und die großen Mächte, 80 ff.

[125] Einen Überblick über die Handlungsmotive Preußens gibt *Charles Petrie*, Diplomatie und Macht. Eine Geschichte der internationalen Beziehungen 1717 - 1933, Zürich - Freiburg 1950, 42 - 56. Zum Rüstungsstand der österreichischen Armee bei Regierungsantritt Maria Theresias im einzelnen *Oskar Regele*, Die Schuld des Grafen Reinhard Wilhelm von Neipperg am Belgrader Frieden 1739 und an der Niederlage bei Mollwitz 1741, in: Mitteilungen des Österreichischen Staatsarchivs 7 (1954), 373 - 398; Der Österreichische Erbfolgekrieg 1740 - 1748, hrsg. von der Direktion des K. und K. Kriegs-Archivs, Bd. 1, Wien 1896, 297 - 515, und *A. v. Arneth*, Geschichte Maria Theresias 1, 57 ff. Daß der König von vornherein entschlossen war, sich die winterlichen Witterungsverhältnisse zunutze zu machen, belegen seine „Idées sur les projets politiques à former au sujet de la mort de l'Empereur" vom 6. November 1740, abgedruckt in: Politische Correspondenz Friedrichs des Großen 1 (1879), 90 f. Nr. 140.

[126] Vgl. dazu zusammenfassend *Th. Schieder*, Macht und Recht. Der Ursprung der Eroberung Schlesiens durch König Friedrich II. von Preußen, in: Ham-

Falle der wittelsbachischen Erbansprüche als Vorwand für eine Machtpolitik, die nur auf den Augenblick wartete, wo unter Vorspiegelung eines Rechtstitels erst einmal vollendete Tatsachen geschaffen werden konnten. Ein schlagkräftiges Heer, ein wohlgefüllter Kriegsschatz, Ehrgeiz und der unbändige Wunsch, sich einen Namen zu machen, waren — wie der König selbst einzugestehen sich nicht scheute — die eigentlichen Motive seines Handelns[127].

Die Erfahrung, schreibt er in der „Histoire de mon temps", habe ihm gezeigt, „daß ein Fürst sich selbst und vor allem seinem Volk Respekt verschaffen muß, daß die Mäßigung eine Tugend ist, die Staatsmänner in dieser verderbten Zeit nicht immer streng (‚à la rigueur') ausüben können, und daß es beim Thronwechsel [von 1740] nötiger war, Beweise von Entschlossenheit als von Sanftmut zu geben"[128]. „C'était un moyen immanquable d'augmenter la puissance de ma maison, et d'acquérir de la réputation, au cas de la fortune secondât mes entreprises; avant que de déclarer mes intentions je résumai d'un côté les hasards qu'il y avait à courir, et d'un autre les fortunes qu'il y avait à espérer, et après avoir mûrement discuté et pesé les matières, je résolus la guerre[129]."

Zu welchen Ergebnissen er bei der Einschätzung des Staates kam, auf dessen Kosten er sich zu saturieren gedachte, steht in einem Schreiben an seinen Geschäftsträger in Wien, von Borcke, vom 5. November 1740. „Der Kaiser ist tot, das Reich wie das Haus Österreich ist ohne Oberhaupt, die Finanzen Österreichs sind zerrüttet, die Armeen heruntergekommen, seine Provinzen durch den Krieg, Seuchen und Hungersnot wie durch die furchtbare Steuerlast, die sie bis zum heutigen Tage tragen mußte, ausgesogen. Dazu treten die sattsam bekannten Prätentionen Bayerns und Sachsens, die zur Zeit zwar noch unter der Asche glim-

---

burger Jahrbuch für Wirtschafts- und Gesellschaftspolitik (Festschrift Carl Jantke) 24 (1979), 235 - 251, und demnächst *Peter Baumgart*, Expansion und Integration. Die Eingliederung Schlesiens in den brandenburgisch-preußischen Staat.

[127] So etwa in einer Äußerung Voltaire gegenüber vom 23. Dezember 1740, abgedruckt in: Briefwechsel Friedrichs des Großen mit Voltaire, hrsg. von Reinhold Koser und Hans Droysen, Bd. 2 (Publikationen aus den Preuß. Staatsarchiven 82), Leipzig 1909, 74 f. Nr. 176, oder in einem Brief vom 3. März 1741 an Karl Stephan Jordan, abgedruckt in: Oeuvres de Frédéric le Grand 17 (1851), 90 f. Zum Gesamtkomplex der Motive und Absichten des Königs *F. Meinecke*, Die Idee der Staatsräson in der neueren Geschichte, 321 ff., und *Erika Bosbach*, Die „Rêveries politiques" in Friedrichs des Großen Politischem Testament von 1752. Historisch-politische Erläuterungen. (Kölner Hist. Abhandlungen 3), Köln - Graz 1960, hier bes. 73 ff.

[128] *Friedrich der Große*, Histoire de mon temps (in der Fassung von 1775), in: Oeuvres de Frédéric le Grand 2 (1846), 53 (Zitat) und 55 f.

[129] Frédéric II, Histoire de mon temps (Redaktion von 1746), hrsg. von Max Posner. (Publikationen aus den Preußischen Staatsarchiven 4), Leipzig 1879, 214.

men, aber jeden Augenblick aufflammen können, und die geheimen Anschläge Frankreichs, Spaniens und Savoyens, die gar bald zu Tage treten werden. Wie ist es da nur möglich, daß man in Wien solcher Sorglosigkeit sich hingibt und gar nicht der Gefahren achtet, die sich in so fürchterlicher Anzahl wider jenes unglückliche Haus auftürmen werden, und wie können so viele klar sehende Männer, die noch im Rat der Krone sitzen und keine Schuld an der Verwahrlosung des Staates aus früherer Zeit tragen, sich zum Nachteil der Rettung dieser Großmacht vor heillosem Untergang der Täuschung hingeben, zu glauben, alles werde auf Befehl für die ungeschmälerte Aufrechterhaltung der Erbfolge mit ganzem Herzen in den Krieg ziehen[130]?"

Der König sah sich zu einer solchen Frage um so mehr veranlaßt, als er den „grands projets de politique", zu denen er auch das ganze System zwischenstaatlicher Anerkennungsverträge zugunsten der Pragmatischen Sanktion zählte, grundsätzlich mit größter Skepsis gegenüberstand. „Umsonst", erläuterte er seine Auffassung im Politischen Testament von 1752, „suchte Kaiser Karl VI. seine Erbfolge zu regeln". Er habe zwar eine Garantieerklärung fast aller Mächte Europas zu erlangen vermocht. Doch als er starb, seien alle seine Pläne in sich zusammengefallen. Die „grands arrangements", meinte der König demzufolge, „ne réussissent jamais, et que la politique, étant sujette à trop de cas fortuits, ne donne point à l'esprit humain de prise sur les évènements à naître et sur tout ce qui est du département des contingents futurs. La politique", lautete seine Maxime, „consiste plutôt à profiter des conjonctures favorables qu'à les préparer d'avance[131]."

In Frankreich hatte unterdessen die Partei des Marschalls Charles Louis Fouquet, des Grafen und späteren Herzogs Belle-Isle, den entscheidenden Einfluß bei Hofe gewonnen. Er war im Gegensatz zu der abwartenden Haltung des Kardinals Fleury[132] schon immer für den Zusammenschluß mit Bayern und Krieg gegen Habsburg eingetreten, vor allem mit dem Ziel, die Kaiserwahl Franz Stephans zu hintertreiben. Das Haus Bourbon sollte nach seiner Auffassung einmal mehr zum Schiedsrichter Europas werden und die Teilung des habsburgischen Erbes in die Hand nehmen[133].

---

[130] Politische Correspondenz Friedrichs des Großen 1 (1879), 88 Nr. 136; die deutsche Übersetzung bei *H. L. Mikoletzky*, Österreich. Das große 18. Jahrhundert, 181.

[131] *Friedrich der Große*, Die Politischen Testamente, ed. Gustav Berthold Volz, Berlin 1920, 58 f. Vgl. eine ähnliche Ansicht auch im Politischen Testament von 1768, ebd. 211.

[132] *M. Braubach*, Versailles und Wien von Ludwig XIV. bis Kaunitz, 315 - 318, 339 - 343. Vgl. ferner die in Anmerkung 113 genannte Literatur.

[133] Ebd., 345 - 349.

Auch in der Öffentlichkeit setzte sich die Überzeugung durch, daß aus so „schönen Konjunkturen", wie sie sich im Gefolge des Thronwechsels im Hause Österreich ergeben hatten, profitiert werden müsse. Es sei, heißt es in einer Denkschrift aus jenen Tagen, „die brillanteste Epoche für das Glück und den Vorteil Frankreichs: es kann nichts mehr wünschen, als die Aufteilung dieser rivalisierenden Macht, und nun ist der Tag dazu gekommen. Es gilt, der Erde ein neues Gesicht zu geben, wie es unseren Interessen entspricht. Man muß zu diesem Zweck die ungeheure Erbmasse des Hauses Österreich teilen und die verschiedenen Stücke so gut ausgeben, daß die neuen Besitzer eifersüchtig darüber wachen, daß sich die einen oder andern auf Kosten eines dritten vergrößern, und daß sie so das Wiedererstehen einer für Frankreich so gefährlichen Macht, wie es die des Kaisers war, verhindern und damit Frankreich die schiedsrichterliche Herrschaft über Europa sichern"[134]. So wurde unter Vorgriff auf die militärische Niederwerfung des Kaiserhauses ins Auge gefaßt, daß die österreichischen Niederlande und Luxemburg an Frankreich fallen sollten, Böhmen mit der Kaiserkrone an Bayern und Schlesien an Preußen, während die Toskana, die Lombardei und Parma Spanien und Savoyen-Piemont zugedacht waren. Maria Theresia selbst sollte Königin von Ungarn und Erzherzogin von Österreich bleiben[135].

Am 4. Juni 1741 unterzeichnete Belle-Isle in Breslau das Defensivbündnis mit Preußen. Darin wurde dem König gegen Zusage seiner Stimme für die Wahl Karl Alberts zum Kaiser und Verzicht auf die jülich-bergischen Ansprüche der Besitz von Niederschlesien mit Breslau garantiert. Mit der Einnahme Passaus durch bayerische Truppen am 31. Juli 1741 und dem Vormarsch eines französischen Kontingents über den Rhein im August nahm der Konflikt nun europäische Dimensionen an.

Die Situation Maria Theresias schien ausweglos. Kurköln mit dem Bruder Karl Alberts, Clemens August, ferner Mainz, die Pfalz und Sachsen[136] — letzteres gegen die Zusage von Oberschlesien und Mähren — sowie am Ende sogar König Georg II. in seiner Eigenschaft als Kur-

---

[134] In deutscher Übersetzung zitiert bei *M. Braubach*, Versailles und Wien von Ludwig XIV. bis Kaunitz, 344.
[135] *H. L. Mikoletzky*, Österreich. Das große 18. Jahrhundert, 184.
[136] Zur kurmainzischen und kurpfälzischen Politik während des Interregnums liegen neuere Untersuchungen vor. Vgl. im einzelnen *Heinz Duchhardt*, Philipp Karl von Eltz. Kurfürst von Mainz, Erzkanzler des Reiches (1732 - 1743). (Quellen und Abhandlungen zur mittelrheinischen Kirchengeschichte 10), Mainz 1969, 137 ff. Zu den Zielen der pfälzischen Politik *Hannah Rabe*, Pfälzische Reichs- und Außenpolitik am Vorabend des Österreichischen Erbfolgekriegs 1740 - 1742. (Mainzer Abhandlungen zur mittleren und neueren Geschichte 6), Meisenheim am Glan 1961, 40 ff.

III. Dynastische Krisen als „conjonctures favorables"

fürst von Hannover neigten sich dem Wittelsbacher zu. Seine Wahl zum römisch-deutschen Kaiser stand außer Zweifel.

Wir können an dieser Stelle den Bericht über Ausbruch und Verlauf des Österreichischen Erbfolgekrieges abbrechen. Es ist bekannt, daß Maria Theresia im Frieden von Aachen (1748) den Gesamtbestand der Dynastie mit Ausnahme Schlesiens und der italienischen Besitzungen Parma, Piacenza und Guastalla (zugunsten Spaniens) als legitimes Erbe behaupten konnte[137]. Eine Teilung der Monarchie also, wie sie in offensichtlicher Verkennung der tatsächlichen Machtverhältnisse erwogen worden war, konnte sie mit Unterstützung der schließlich doch zu ihrem Wort stehenden Verbündeten abwenden und damit dem Erbfolge- und Unteilbarkeitsgrundsatz ihres Hauses, dessen Anerkennung schon ihr Vater glaubte sichergestellt zu haben, endgültig Geltung verschaffen. Aber es hatte eben einmal mehr des Griffs zu den Waffen bedurft, um eine Krise zu meistern, deren Folgen man diesmal schon im Vorfeld eines möglichen Konflikts einzugrenzen sich bemüht hatte. Gewiß sind dabei — wie oben zu zeigen war — schwerwiegende und fast unbegreifliche Fehler begangen worden. Doch was waren dessen ungeachtet die eigentlichen Ursachen dafür, daß auch dieser Konflikt schließlich nicht anders als mit militärischer Gewalt beigelegt werden konnte?

Es bestand ohne Zweifel nicht nur in Preußen die Absicht, in einem Konflikt um das Erbe Karls VI. unter Umgehung bestehender Rechtsnormen die eigenen Interessen notfalls auch mit Waffengewalt wahrzunehmen. An den oben angeführten Verlautbarungen von französischer Seite ist deutlich geworden, daß sich gegen die mäßigende Politik des Kardinals Fleury mit einer unentrinnbar scheinenden Zwangsläufigkeit die Überzeugung durchsetzte, den Augenblick, wo im System der Mächte die Karten neu gemischt wurden, zur endgültigen Ausschaltung des alten Rivalen um den Vorrang in Europa zu nutzen. Man müsse — so lautete die eindringliche Formulierung — der Erde ein neues Gesicht nach Maßgabe der eigenen Konvenienz geben. Aber man war bei aller Entschlossenheit, die Leitbilder französischer Hegemonialpolitik wieder aufzugreifen, doch klug genug, nicht das ganze Erbe für sich oder die eigene Dynastie zu fordern. Vielmehr wurde gerade in der Aufteilung des Hauses Österreich die Möglichkeit gesehen, ein Gleichgewicht des Argwohns und der Eifersucht unter den Mächten herzustellen, das dem französischen König die Rolle des Schiedsrichters in Europa zuspielte. Frankreich jedenfalls, ohne dessen Hilfe weder Bayern noch Sachsen ihre vorgeblich legitimen Erbansprüche hätten durchsetzen können, war im

---

[137] Vgl. dazu ausführlich: Der Österreichische Erbfolge-Krieg 1740 - 1748, hrsg. von der Direktion des k.u.k. Kriegs-Archivs, insgesamt 9 Bände, Wien 1896 - 1914; *A. von Arneth*, Geschichte Maria Theresias, Bd. 1 - 3; ein Überblick bei *H. L. Mikoletzky*, Österreich. Das große 18. Jahrhundert, 180 - 202.

2. Der Erbfolgekonflikt des Jahres 1740

Augenblick des Erbfalls entschlossen, um der eigenen Vorherrschaftspläne willen die gegebenen Zusagen zu brechen und den Rivalen, dessen territoriale Integrität man als Funktion des Mächtesystems zu schützen sich verpflichtet hatte, zu Fall zu bringen.

Preußen freilich spielte unter den Mächten, die sich am Erbe Karls VI. schadlos zu halten beabsichtigten, eine besondere Rolle[138]. Dem König gebührt der zweifelhafte Ruhm, mit seinem „Raubtiersprung" — wie Ludwig Dehio sich ausdrückt — als erster die Konventionen gesprengt zu haben, die in der Staatenpolitik des *ancien régime* trotz aller Gegensätze eine gewisse Verbindlichkeit erlangt hatten[139]. Denn er ist es gewesen, der ohne Vorrede zu den Waffen griff und damit in einem Augenblick erhöhter Labilität die Normen außer Kraft setzte, die dem allgemeinen Chaos hätten entgegenwirken können. In der Tat: „Unter dem exakten Schritt der preußischen Bataillone zitterte der Boden der diplomatischen Spinnstuben[140]."

Ich will hier nicht die vielfach erörterte Frage untersuchen, ob seine Erbansprüche auf die schlesischen Fürstentümer tragfähig und die preußische Garantieerklärung für die Pragmatische Sanktion von 1728 angesichts der Haltung des Kaisers in der jülich-bergischen Erbfolgefrage hinfällig waren[141]. Wichtiger ist schon die gezielt einseitige Deutung, die

---

[138] Vgl. dazu noch einmal die vorsichtig-abwägende Einschätzung *Th. Schieders,* Macht und Recht. Der Ursprung der Eroberung Schlesiens durch König Friedrich II. von Preußen (Anm. 126).

[139] *L. Dehio,* Um den deutschen Militarismus, 226. Vgl. ferner *F. Meinecke,* Die Idee der Staatsräson in der neueren Geschichte, 321 - 400; *St. Skalweit,* Das Problem von Recht und Macht im historiographischen Bild Friedrichs des Großen, 91 - 106; ders., Friedrich der Große und der Aufstieg Preußens, in: Leonhard Reinisch (Hrsg.), Die Europäer und ihre Geschichte, München 1961, 101 - 119; *Walter Bussmann,* Friedrich der Große im Wandel des europäischen Urteils, in: Deutschland und Europa, Historische Studien zur Völker- und Staatsordnung des Abendlandes. (Festschrift für Hans Rothfels) Düsseldorf 1951, 375 - 408; *Walther Hubatsch,* Entgegnung, in: Göttingische Gelehrte Anzeigen 210 (1956), 70 - 84, und ders., Das Problem der Staatsraison bei Friedrich dem Großen, Göttingen 1956; *Hans Rothfels,* Friedrich der Große und der Staat, in: Geschichte in Wissenschaft und Unterricht 13 (1962), 625 - 636. Darüber hinaus die brauchbare Zusammenstellung von *Pentti Airas,* Die geschichtliche Wertung Krieg und Friede von Friedrich dem Großen bis Engels. (Studia historica septentrionalia 1), Rovaniemi 1978, 9 - 108.

[140] *F. Wagner,* Kaiser Karl VII. und die großen Mächte, 22.

[141] Vgl. im einzelnen *A. von Arneth,* Geschichte Maria Theresias 1, 104 - 114; *Reinhold Koser,* Geschichte Friedrichs des Großen 1, Nachdruck der 7. Aufl. von 1921, Darmstadt 1963, 265 - 303; *Arnold Berney,* Friedrich der Große. Entwicklungsgeschichte eines Staatsmannes, Tübingen 1934, 106 - 151, bes. 120 ff., und zusammenfassend *Th. Schieder,* Macht und Recht. Der Ursprung der Eroberung Schlesiens durch König Friedrich II. von Preußen, 243 ff.; ferner *George Peabody Gooch,* Friedrich der Große. Herrscher - Schriftsteller - Mensch. (Fischer Bücherei), Frankfurt/Main 1964, 18 - 27. Die sich auf die schlesischen Ansprüche beziehenden Dokumente sind abgedruckt in: Preußische Staatsschriften aus der Regierungszeit König Friedrichs II., hrsg. von Johann

er den Wiener Bemühungen um Anerkennung der Sukzessionsordnung von 1713 unterschob. „Il est évident", räsonierte er in den „Considérations" von 1738, „que les vues de la cour impériale tendent à rendre l'Empire héréditaires dans la maison d'Autriche". Denn das ganze, überaus durchsichtige System der Garantieverträge zeige, daß das Kaiserhaus „souhaiterait d'ôter avec le temps à l'Empire le droit d'élection, de cimenter la puissance arbitraire dans sa race, et de changer en monarchique le gouvernement démocratique qui de temps immémorial a été celui de l'Allemagne"[142]. Aber entscheidend in diesem Zusammenhang ist, daß der König mit seinem Zugriff auf Schlesien die in diesem System permanenter Rivalität tiefverwurzelte Furcht weckte, dem Mitbewerber ein größeres Stück der Beute überlassen zu müssen oder überhaupt das Nachsehen zu haben.

Max Weber hat den Satz aufgestellt, daß jedes Aufflackern der unter den Dynastien ständig latenten Prestigeprätentionen an irgendeiner Stelle — normalerweise infolge einer akuten Bedrohung des Friedens — „kraft einer unvermeidlichen ‚Machtdynamik' sofort die Konkurrenz aller anderen möglichen Prestigeträger" in die Schranken rufe[143]. Die Ereignisse von 1740 belegen die Stichhaltigkeit dieses Urteils. Der König spekulierte — wie sich erweisen sollte: zu Recht — auf die Wahrscheinlichkeit, daß sich, wenn er erst Schlesien besetzt hätte, auch andere Staaten an der „allgemeinen Balgerei" beteiligen würden[144]. Er setzte auf das in Reichsangelegenheiten bewährte „droit de possession", das auch andere Mächte in Zugzwang bringen mußte[145].

George P. Gooch ist der Auffassung, abstoßender noch als der Entschluß des Königs, „einen Teil des nachbarlichen Weinbergs zu stehlen",

---

Gustav Droysen und Max Duncker, Bd. 1, Berlin 1877, 41 - 271. Vgl. demnächst auch P. *Baumgart*, Expansion und Integration. Die Eingliederung Schlesiens in den brandenburgisch-preußischen Staat (Anm. 126).
Es ist in der Forschung vielfach darauf hingewiesen worden, daß auch der Große Kurfürst schon erwogen hat, sich der schlesischen Herzogtümer im Falle eines söhnelosen Todes Kaiser Leopolds I. zu bemächtigen. Doch bleibt häufig unerwähnt, daß er dabei im Gegensatz zu Friedrich dem Großen weniger aus Gründen der „Negotiation", sondern in einer noch ganz dem Konfessionellen verhafteten Weise als Werkzeug der göttlichen Vorsehung zu handeln vermeinte. Vgl. den Text seines vermutlich Anfang 1670 entstandenen Entwurfs zur Erwerbung Schlesiens bei Georg Küntzel - Martin Haas (Hrsg.), Die Politischen Testamente der Hohenzollern nebst ergänzenden Aktenstücken Bd. 1, 2. Aufl. Leipzig - Berlin 1919, 70 - 78.

[142] *Friedrich der Große*, Considérations sur l'état présent du corps politique de l'Europe, in: Oeuvres de Frédéric le Grand 8 (1848), 15.

[143] *M. Weber*, Wirtschaft und Gesellschaft, 520 f.

[144] *G. P. Gooch*, Friedrich der Große, 20.

[145] Zur Bedeutung des Begriffs „droit de possession" im politischen Denken des Königs *E. Bosbach*, Die „Rêveries politiques" in Friedrichs des Großen Politischem Testament (Anm. 127), 78 f.

2. Der Erbfolgekonflikt des Jahres 1740

sei das Ansinnen gewesen, „das Verbrechen als einen Liebesdienst an dem zukünftigen Opfer hinzustellen"[146]. So mag man die Sache sehen. Doch scheint es mir bei allem Sinn für effektvolle Pointen unerläßlich, die Note des Königs an seinen Onkel, Georg II. von England, auf die hier Bezug genommen wird, im Hinblick auf ihre Gedankenführung wirklich genau zur Kenntnis zu nehmen[147]. Ich zitiere deshalb dieses Schreiben nicht nur in der Absicht, die Fragwürdigkeit des königlichen Rechtfertigungsversuches zu dokumentieren, sondern mehr noch mit dem Ziel, das Machtkalkül dieser Epoche in seiner Grundstruktur noch einmal an einem authentischen Text sichtbar zu machen.

„Das Haus Österreich", schrieb der König, „das seit dem Tod seines Hauptes und völligen Verfall seiner Angelegenheiten (‚depuis la perte de son chef et le délabrement totale de ses affaires') allen seinen Feinden offen steht, ist im Begriff, unter den Zugriffen derer zusammenzubrechen, die öffentlich ihre Ansprüche auf die Nachfolge vorbringen und heimlich den Plan hegen, einen Teil des Erbes an sich zu reißen. Und da ich infolge der geographischen Lage meiner Gebiete das größte Interesse daran habe, die Folgen eines solchen Vorgehens abzuwenden und vor allen Dingen denen zuvorzukommen, die es auf Schlesien, das Bollwerk vor meinen Ländern, abgesehen haben, habe ich mich gezwungen gesehen, meine Truppen in das Herzogtum zu entsenden. Ich will damit nur verhindern, daß andere sich seiner bemächtigen, was meinen Interessen Abbruch tun und höchst nachteilig für die gerechten Ansprüche sein könnte, die mein Haus schon immer auf den größten Teil des Landes gehabt hat. Mein einziger Zweck ist die Erhaltung und der wahre Nutzen des Hauses Österreich[148]."

Der Zugriff auf Schlesien enthüllt sich hier also als eine Präventivmaßnahme, die dem König, noch bevor das Feilschen um die Erbschaft seinen Anfang nahm, eine Provinz sichern sollte, deren Überlassung an einen womöglich besser legitimierten Bewerber er unter allen Umständen glaubte verhindern zu müssen[149]. Es erscheint mir doch wohl billig, ein solches Argument, dessen innere Schlüssigkeit nicht von der Hand zu weisen ist, erst einmal ernst zu nehmen und nicht in moralischer Voreingenommenheit abzutun. Die Prämisse dieser Deduktionen freilich war von Anfang an, daß der Tod des Kaisers einen Krieg auslösen werde. Der König war der Überzeugung, daß ein umstrittener Erbfall in Verbindung mit dem Schwächezustand eines Staates unbeschadet aller vertraglichen Garantien dazu genutzt werden müsse, ein mächtepoliti-

---

[146] G. P. Gooch, Friedrich der Große, 21.
[147] Vom 4. Dezember 1740 aus Berlin, abgedruckt in: Politische Correspondenz Friedrichs des Großen 1 (1879), 121 f. Nr. 183.
[148] Die deutsche Übersetzung bei G. P. Gooch, Friedrich der Große, 21.
[149] Vgl. dazu A. von Arneth, Geschichte Maria Theresias 1, 107 ff.

sches Revirement herbeizuführen[150]. Eine Politik des Status quo könne nur ein schlechter Staatsmann empfehlen, hatte er schon 1731 festgestellt, um dann in den „Considérations sur l'état présent du corps politique de l'Europe" von 1738 in Anspielung auf das Ableben des Kaisers die Frage aufzuwerfen: „Welcher Zustand eignete sich mehr dazu, Europa Gesetze zu geben? Welche Konjunktur könnte günstiger sein, um alles zu wagen[151]?"

Insofern mochte er sich weniger aus erbrechtlichen Erwägungen, sondern aus Gründen der Staatsräson — des „droit de bienséance" — berechtigt fühlen, den ihm „konvenierenden" Teil der Erbschaft in einem Handstreich erst einmal in Besitz zu nehmen[152]. „Alles weitere", hatte er schon 1738 ausgesprochen, „entscheidet das Waffenglück und das Recht des Stärkeren[153]."

Aber darüber hinaus ist bemerkenswert, daß ihm im Gegensatz zu den oben angeführten französischen Vorstellungen an der vollständigen „Dismembration" des Hauses Österreich nicht gelegen war. Vielmehr plante er, nach der Sicherstellung des eigenen Anteils auf die Seite Maria Theresias zu treten, um die ebenfalls auf Expansion sinnenden Rivalen an territorialen Vergrößerungen zu hindern, die das Gewicht seines Teils der Beute aufzuwiegen in der Lage waren. Es offenbart sich hier also kein eigentliches Hegemonialstreben, sondern die Absicht, aus dem Kreise der mittleren Mächte herauszutreten und auf der Basis einer gleichberechtigten Stellung mit dem Hause Österreich den Status quo zu sichern. Der Stoß richtete sich gegen das alte System der Hegemonialmächte, wie es sich seit dem Spanischen Erbfolgekrieg durch die Schaffung politischer Einflußsphären herausgebildet hatte[154].

---

[150] Vgl. dazu noch einmal die Analysen von *E. Bosbach*, Die „Rêveries politiques" in Friedrichs des Großen Politischem Testament, 78 ff.

[151] Die erste Äußerung findet sich in dem berühmten Brief an den Kammerjunker Karl Dubislaw von Natzmer vom Februar 1731, abgedruckt in: Oeuvres de Frédéric le Grand 16 (1850), 3 - 6, hier 3; die „Considérations" ebd. 8 (1848), 17.

[152] Zum Begriff „droit de bienséance" in der politischen Argumentation des Königs *E. Bosbach*, Die „Rêveries politiques" in Friedrichs des Großen Politischem Testament, 79 - 81, unter Hinweis auf Meineckes Buch über die Idee der Staatsräson.

[153] *Friedrich der Große*, Considérations sur l'état présent du corps politique de l'Europe, 10. Vgl. zur Vorstellung der „acquisitions par droit de bienséance" die beiden Politischen Testamente von 1752 und 1768, in: Gustav Berthold Volz (Hrsg.), Die Politischen Testamente Friedrichs des Großen (Anm. 131), 61 - 65, 215 f., 219 f. — In seinen „Idées sur les projets politiques a former au sujet de la mort de l'Empereur" vom 6. November 1740 hatte er im Hinblick auf die Besitzergreifung Schlesiens die Erwartung geäußert: „Lorsque nous serons en possession, au lieu qu'agissant autrement, nous mettons hors de nos avantages, et nous n'aurons jamais rien par une simple négociation, ou bien nous fera des conditions très onéreuses, pour nous accorder des bagatelles"; vgl. im einzelnen Politische Correspondenz Friedrichs des Großen 1 (1879), 91 Nr. 140.

2. Der Erbfolgekonflikt des Jahres 1740

Selbst wenn man nun einräumt, daß ein prästabilierter Gleichgewichtszustand, wie er mit der Anerkennung der Pragmatischen Sanktion angestrebt worden war, nicht in sich schon etwas Respekterheischendes darstellen mußte, sondern mit gutem Grund auch als das „chimärische" Herrschaftsinstrument saturierter, alternder oder schwacher Staaten aufgefaßt werden konnte[155], so zeigt das Handeln des Königs doch ein solches Maß an gewalttätigem Durchsetzungswillen, das mit dem legitimen Streben nach „agrandissement" — wie es in seinen Schriften immer wieder heißt — nur verschleiert, nicht aber begründet zu werden vermochte. Gewiß waren Konvenienz der Staaten und friedliche Dauerordnung eine *contradictio in adjecto*, die nur in einer „vernünftigen", rechtlich abgesicherten Form gelöst werden konnte. Aber der Anspruch der Staaten auf Offenhaltung ihrer Entwicklungschancen im Frieden wie im Krieg mußte seine Grenze in der Respektierung eines auch für andere geltenden Konvenienzprinzips finden, wenn anders sich Staatenpolitik nicht selbst ad absurdum führen sollte[156].

Mir scheint, daß Thomas Babington Macaulay, der große Schriftsteller des englischen Liberalismus, ein leidenschaftlicher Gegner Friedrichs des Großen, das Problem der preußischen Besitzergreifung von Schlesien in ihrer Wirkung auf das europäische Staatensystem trotz aller rhetorischen Überzeichnungen gut erfaßt hat. „Wäre die schlesische Frage", schreibt er in seinem Friedrich-Essay, „lediglich eine Frage zwischen Friedrich und Maria Theresia gewesen, so würde es unmöglich sein, den preußischen König von grober Treulosigkeit freizusprechen. Wenn wir aber die Folgen bedenken, die seine Politik für die ganze Gemeinschaft der zivilisierten Nationen hervorrief und hervorzurufen nicht verfehlen konnte, so sind wir genötigt, eine noch strengere Verurteilung auszusprechen. Bis er den Krieg anfing, schien es möglich, selbst wahrscheinlich, daß der Friede der Welt erhalten werden könne. Zwar war die Plünderung der großen österreichischen Erbschaft eine starke Versuchung, und in mehr als einem Kabinett wurden ehrgeizige Pläne bereits erwogen. Die Verträge indes, durch welche die Pragmatische Sanktion verbürgt worden war, waren ausdrückliche und von neuem Datum. Für einen sichtbar ungerechten Zweck ganz Europa in Verwirrung zu stürzen, war etwas durchaus Schwerwiegendes. [...] Selbst der eitle und grundsatzlose Belle-Isle, dessen ganzes Leben ein wilder

---

[154] Zum Selbstverständnis der europäischen Hegemonial- und Ordnungsmächte um die Mitte des 18. Jahrhunderts J. *Kunisch*, Das Mirakel des Hauses Brandenburg, 37 ff., mit weiterer Literatur.

[155] Die Umrisse dieses Problems sind skizziert bei J. *Kunisch*, Das Mirakel des Hauses Brandenburg, 17 - 43. Vgl. dort auch einen Überblick über die neuere Literatur. Zur Antinomie von Machtstaatsgedanke und allgemeiner Friedensordnung L. *Dehio*, Um den deutschen Militarismus, 221 - 272.

[156] L. *Dehio*, Um den deutschen Militarismus, 222.

Tagtraum von Eroberung und Plünderung war, fühlte, daß Frankreich, gebunden wie es war durch feierliche Verpflichtungen, nicht ohne Schmach einen direkten Angriff auf die österreichischen Besitzungen machen könne. Karl, Kurfürst von Bayern, behauptete, daß er ein Recht auf einen großen Teil der Erbschaft habe, die die Pragmatische Sanktion der Königin von Ungarn zuteilte. Aber er war nicht mächtig genug, sich ohne Beistand zu regen. Man konnte deshalb nicht ohne Grund erwarten, daß nach einer kurzen Periode der Unruhe sämtliche Potentaten der Christenheit sich bei der von dem vorigen Kaiser getroffenen Anordnung beruhigen würden. Doch die selbstsüchtige Raubgier des Königs von Preußen gab für seine Nachbarn das Zeichen zum Angriff. Sein Beispiel beschwichtigte ihr Schamgefühl. Sein Erfolg verleitete sie, die Schwierigkeiten einer Aufteilung der österreichischen Monarchie zu unterschätzen. Die ganze Welt eilte zu den Waffen. Auf Friedrichs Haupt kommt alles Blut, das in einem langjährigen und auf dem ganzen Erdkreis wütenden Krieg vergossen wurde"[157].

Sein Zugriff auf Schlesien ist drastischer Ausdruck für jenes „permanente Gelüste des Arrondierens", von dem Jakob Burckhardt in seinen „Weltgeschichtlichen Betrachtungen" gesprochen hat. „Man nimmt, was einem gelegen liegt und was man erwischen kann, namentlich ‚unentbehrliche' Küstenstriche, und benützt dabei alle Schwächen, innern Krankheiten und Feinde des Schlachtopfers; der Grad der Wünschbarkeit namentlich des Zusammenlegens kleinerer Gebiete, die Aussicht auf Vervierfachung des Wertes bei bloßer Verdoppelung des Gebietes usw. wird unwiderstehlich"[158]. Dabei werden schwächere Nachbarn nicht nur unterworfen oder in Abhängigkeit gebracht, „damit sie selbst nicht mehr feindlich auftreten", „sondern damit sie nicht ein anderer nehme oder sich ihrer politisch bediene". Auf dieser Bahn angelangt, fährt Burckhardt fort, gebe es dann kein Halten mehr: „Alles wird exkusabel, denn ‚mit der bloßen Beschaulichkeit wäre man zu nichts gelangt, sondern frühe von andern Bösewichtern gefressen worden', und ‚die Andern machen's auch so'. Das Nächste ist, daß dergleichen im Vorrat geschieht, ohne irgend einen besonderen Anlaß, nach dem Grundsatz: ‚Nehmen wir es zur rechten Zeit, so sparen wir einen künftigen gefährlichen Krieg' "[159].

---

[157] Zitiert nach der Übersetzung von *Friedrich Bülau*, abgedruckt in: Thomas Babington Macaulays Kleine geschichtliche und biographische Schriften, Bd. 5, Leipzig 1858, 24 f. Der Friedrich-Essay Macaulays erschien erstmals 1842 in der „Edinburgh Review". Vgl. zur Einschätzung dieses „glänzenden Plädoyers gegen den König" *Walter Bussmann*, Friedrich der Große im Wandel des europäischen Urteils (Anm. 139), 385 f.

[158] *J. Burckhardt*, Weltgeschichtliche Betrachtungen, Berlin - Stuttgart 1905, 34.

[159] Ebd., 33 f.

IV. Erbfolgekrisen als Krisen des Staatensystems

Der Krieg war also ausgebrochen, obwohl überall in Europa die Meinung vorherrschte, daß den Verträgen, die Karl VI. zur Sicherung der Erbfolge- und Unteilbarkeitsordnung seines Hauses geschlossen hatte, eine innere, der ruhigen Fortentwicklung der europäischen Staatengemeinschaft dienende Berechtigung nicht abgesprochen werden konnte. Wie der Friede von Utrecht, heißt es in einer anonymen Darstellung aus dem Jahre 1743, einen neuen und verpflichtenden Rechtszustand im Leben der Völker geschaffen habe, so mußte die Pragmatische Sanktion eines der vornehmsten Mittel sein, ihn fester noch zu etablieren. Alle ihre Garanten erschienen vor dem Gewissen Europas dazu verbunden, eine so heilsame Rechtsordnung zu bewahren und sie als Hüterin des allgemeinen Friedens über die menschliche Gewinnsucht und die eigenen Machtgelüste hinauszuheben[160].

Nun sind es — wie zu zeigen war — eben diese Machtgelüste gewesen, die das ganze System zwischenstaatlicher Garantieerklärungen zugunsten der Sukzessionsordnung des Hauses Österreich trotz aller Vorleistungen zum Einsturz brachten. Sie haben den Anstoß gegeben, daß auch zögernde Mächte zu den Waffen griffen, um bei der Aufteilung des Erbes nicht abseits zu stehen. Aber neben der ständigen Bereitschaft, sich auf Kosten anderer zu bereichern, ist in besonderem Maße auch die Verfassungsstruktur der monarchischen Fürstenstaaten ein Faktor gewesen, der den „esprit de partage" begünstigte. Denn ebenso, wie die dynastischen Staatsgebilde dieser Zeit durch Heirat und Erbschaft zusammengefügt wurden, konnten sie im Falle strittiger Erbansprüche auch wieder aufgeteilt werden. Die einzige Klammer war die Dynastie oder im übertragenen Sinne die Krone[161]. Verfassung und Recht der einzelnen Territorien blieben unterdessen selbst in den am stärksten reglementierten Fürstenstaaten des *ancien régime* soweit unangetastet, daß die Eingliederung in einen dynastischen Herrschaftsverband ebenso wenig Schwierigkeiten machte wie die Herauslösung[162]. Erst Schritt für

---

[160] In diesem Sinne argumentiert die „Histoire de la grande crise de l'Europe: ou, des suites de la Pragmatique Sanction, et de la mort de l'Empereur Charles VI. ..., Traduite de l'Anglois", Londres 1743. Eine Zusammenfassung bei F. *Wagner*, Kaiser Karl VII. und die großen Mächte (Anm. 122), 72.
[161] F. *Hartung*, Die Krone als Symbol der monarchischen Herrschaft im ausgehenden Mittelalter.
[162] Vgl. im einzelnen *Hans Lentze*, Föderalismus und Zentralismus in der europäischen Geschichte, in: Der österreichische Föderalismus und seine

Schritt bildete sich aus den „bis dahin territorial verschwommenen, lose und intermittierend zusammenhängenden Polyarchien" des 16. und 17. Jahrhunderts kontinuierliche, straff organisierte Machteinheiten, „die nur ein einziges, und zwar stehendes Heer, eine einzige und durchgreifende Beamtenhierarchie und eine einheitliche Rechtsordnung" kannten[163]. Die vielfach zerstreuten, jeweils verschiedenartig begrenzten Herrschaftsbefugnisse über Land und Leute, die auch die politisch-soziale Ordnung der Frühen Neuzeit noch kennzeichneten, wurden in einem längeren, in seinen einzelnen Stadien wechselvollen Prozeß der Verstaatlichung zunehmend in der Person des Fürsten konzentriert und planmäßig zu einer unumschränkten Herrschaftsgewalt ausgebaut[164].

Legitimität und Kontinuität dieser Fürstenmacht ruhten auf der Dynastie. Und im gleichen Maße, wie der Prozeß absolutistischer Herrschaftsbildung fortschritt, wuchs das Bewußtsein für die außerordentliche Bedeutung, die der Erbfolgefrage im Hinblick auf die Sicherung von Staat und Herrschaft zuzumessen war. Die Erfahrungen der Vergangenheit hatten gelehrt, daß es im Sinne vorausplanender Staatsräson notwendig war, gesetzgeberische Maßnahmen zu ergreifen, um die Modalitäten der Erbfolge aus einer Sphäre hausinterner Übereinkünfte in den Rang eines Grundgesetzes zu erheben, dem nicht nur für Staat und Dynastie, sondern auch für die auswärtigen Mächte verfassungsrechtliche Verbindlichkeit zukam. Man hielt es für unerläßlich, über zeitliche und räumliche Entfernungen hinweg einen Einheitsgedanken zu stiften, der nach Lage der Dinge nur ein dynastischer sein konnte[165].

---

historischen Grundlagen, hrsg. vom Institut für Österreichkunde, Wien 1969, 5 - 19, hier bes. 6 - 9; *Dietrich Gerhard*, Regionalismus und ständisches Wesen als ein Grundthema europäischer Geschichte, in: HZ 174 (1952), 307 - 337, wiederabgedruckt in: Hellmut Kämpf (Hrsg.), Herrschaft und Staat im Mittelalter. (Wege der Forschung 2), Darmstadt 1964, 332 - 364, und *Ulrich Scheuner*, Nationalstaatsprinzip und Staatenordnung seit dem Beginn des 19. Jahrhunderts, in: Staatsgründungen und Nationalitätsprinzip, hrsg. von Theodor Schieder. (Studien zur Geschichte des 19. Jahrhunderts 7), München - Wien 1974, 9 - 37, hier 14 f. „Im Grunde", schreibt Scheuner (15), „waren diese monarchischen Staaten gewissermaßen ein Teppich zusammengesetzter kleinerer regionaler Gebilde, in dem diese vielfach ständisch verfestigten regionalen Einheiten eine fortdauernde Existenz bewahrten."

[163] H. Heller, Staatslehre, 129.

[164] E.-W. Böckenförde, Die verfassungstheoretische Unterscheidung von Staat und Gesellschaft, 10 f.

[165] Wie tiefverwurzelt und unangefochten geblütsrechtliche Vorstellungen bei der Regelung der Thronfolge waren, zeigt die völlige Bedeutungslosigkeit des Rechtsinstituts der Adoption, das im Frühmittelalter immerhin in einigen Fällen nachweisbar ist und dann erst im 19. Jahrhundert wieder in Betracht gezogen wurde. Vgl. dazu *Eduard Hlawitschka*, Adoptionen im mittelalterlichen Königshaus, in: Knut Schulz (Hrsg.), Beiträge zur Wirtschafts- und Sozialgeschichte des Mittelalters. Festschrift für Herbert Helbig, Köln - Wien 1976, 1 - 32.

IV. Erbfolgekrisen als Krisen des Staatensystems

Was im besonderen noch einmal das Haus Habsburg betrifft, so hat schon Johann Christoph Bartenstein, der langjährige Berater und Staatssekretär Karls VI. und Maria Theresias, in seinen „Gedanken über den gegenwärtigen Zustand des Erzhauses" von 1762 den Grundsatz formuliert, daß sich eine Erbfolgekrise wohl nicht ereignen könne, „ohne grosse Folgen und Unruhen nach sich zu ziehen. Je mehrere", fuhr er fort, „weitschüchtige und zerstreute Erbkönigreiche und Länder von unterschiedenen Verfassung, Religion und Sprachen der höchstseeligste Kayser besaß, je mehreren Mächten war zu besorgen, dass [sie] der Lust ankommen möchte, darvon sich etwas zuzueygnen, und je schwerer war [es] mithin, sich dargegen zu verwahren und deren Zergliederung zu verhüten. Der grösseste und mächtigste Monarch kann in derley Umständen das eygene nicht bewürcken, was Er zu bewürcken im stand wäre, wann sich dessen Nachfolge vollständig gesichert und bevestiget befände. Wer die Weltgeschichte mit Bedacht durchgegangen hat, muss darvon überzeuget seyn. Ein solcher Monarch hat mithin vor allem jetztgedachte Bevestigung und Sicherstellung sich angelegen seyn zu lassen, und dahin seine unermüdete Sorgfalt um so mehr zu richten, als ohnedeme die Wohlfarth derer Ihme untergebener Länder und Unterthanen beständiger Gefahr ausgesezet verbliebe. Und dieses ist just dasjenige, was der höchstseeligste Grosse Kayser vom Anbeginn seiner Regierung biss ans Ende seines Lebens so unausgesezt besorget hat"[166].

Bartenstein erkannte also mit großer Klarheit, daß die unanfechtbare Regelung der Thronfolge ein drängendes Problem gerade für jene Dynastien war, deren Herrschaft sich über weit verstreute Erbkönigreiche und Länder von unterschiedlicher Verfassung, Religion und Sprache erstreckte. Aufschlußreich ist darüber hinaus, daß neben der Sorge um den Zusammenhalt des als dynastischer Verband sich darstellenden Staates auch die Wohlfahrt der Untertanen als Begründung dafür angeführt wird, daß die Erbfolge auf eine unerschütterliche Rechtsgrundlage gestellt werden müsse. Bartenstein vertrat demnach nicht nur das Prinzip der reinen Machterhaltung, wie es in den oben zitierten Appellen an das Gleichgewicht in Europa kaum verhüllt zum Ausdruck kam, sondern lieferte auch ein Argument, das auf eine neue eudämonistisch-aufgeklärte Staatsauffassung verweist. Die verfassungsrechtliche Konsolidierung dynastischer Herrschaft wird verstanden als eine auch das gemeine Beste betreffende Vorsorge, als eine Maßnahme, die eine

---

[166] Vgl. den Text bei *A. v. Arneth*, Johann Christoph Bartenstein und seine Zeit (Anm. 117), 121. Ähnliche Argumente finden sich auch in Bartensteins Konferenz-Vorträgen vom 25. Juni und 19. August 1731, als Beilagen abgedruckt bei *H. v. Zwiedinek-Südenhorst*, Die Anerkennung der pragmatischen Sanktion durch das deutsche Reich (Anm. 103), 322 - 338, hier bes. 326 - 328 und 338.

auf den Staatszweck gerichtete Funktion besitzt[167]. So gelang es, eine Brücke zu schlagen zwischen dem nackten Selbstbehauptungswillen der Dynastien und den Herrscherpflichten eines auf das Glück seiner Untertanen bedachten Monarchen.

Aber wie immer die Begründungen auch lauten mochten: es ist unbestreitbar, daß alle Anstrengungen um eine rechtlich unanfechtbare Regelung der Thronfolge den Ausbruch von Erbfolgekriegen nicht nur nicht zu verhindern vermochten, sondern allem Anschein nach sogar gefördert haben. Denn die Geschichte der großen Politik des *ancien régime* lehrt, daß es immer wieder Erbstreitigkeiten gewesen sind, die zu den großen Krisen des Staatensystems geführt haben. Was sind die Gründe für diesen eigentümlich paradoxen Sachverhalt? Wie ist erklärlich, daß gerade in dieser Epoche intensiver Bemühungen um die Sicherung dynastischer Kontinuität die Erbfolgekriege sich so sehr häufen, daß sie als der eigentliche Grundtyp zwischenstaatlicher Konflikte betrachtet werden müssen? „Was hat die Staatskunst nicht alles versucht", fragte sich auch der König von Preußen, „um die spanische Erbfolge im voraus zu regeln, und wie haben doch die Ereignisse die Pläne der Minister auf den Kopf gestellt![168]"

Es besteht kein Zweifel, daß im Zeitalter der absolutistischen Fürstenstaaten „la ruine des empires et le bouleversement du monde" und damit die Möglichkeit einer Umverteilung der machtpolitischen Gewichte mittel- oder unmittelbar verknüpft waren mit den Prozessen dynastischen Wandels. Das planende und berechnende Kalkül der Kabinette bewegte sich um Geburt und „Hintritt" der Regenten, um die Heirat der Erbtöchter — „gewissermaßen als verfeinerte Form der Geiselstellung"[169] — und das Erlöschen der Geschlechter. Die Wechselfälle und Krisen dynastischer Herrschaft prägten die Beziehungen der Staaten und hatten eine Instabilität zur Folge, die ungeachtet aller Anstrengungen um Befestigung der erbrechtlichen Fundamente Umwälzungen in gewissem Umfang zuließ. Im Rahmen dieses Systems waren Überlegungen möglich, wie das tief verwurzelte Streben der Fürsten nach Ausdehnung und Arrondierung in die Tat umgesetzt werden konnte[170].

---

[167] Vgl. dazu im einzelnen *Hans Maier*, Die ältere deutsche Staats- und Verwaltungslehre (Polizeiwissenschaft). Ein Beitrag zur Geschichte der politischen Wissenschaft in Deutschland, Neuwied - Berlin 1966, 197 u. ö.; *Michael Stolleis*, Staatsraison, Recht und Moral in philosophischen Texten des späten 18. Jahrhunderts, Meisenheim 1972, bes. 42 ff., und *H. Wessel*, Zweckmäßigkeit als Handlungsprinzip in der deutschen Regierungs- und Verwaltungslehre der frühen Neuzeit (Anm. 50), hier bes. 135 ff.

[168] *Friedrich der Große*, Das Politische Testament von 1768, in: Die Politischen Testamente Friedrichs des Großen (Anm. 131), 211.

[169] So formuliert *Hermann Oncken*, Über das politische Motiv der „Sicherheit" in der europäischen Geschichte, Berlin 1926, 4.

[170] Vgl. etwa das 26. Kapitel des Antimachiavel, wo „Über verschiedene

IV. Erbfolgekrisen als Krisen des Staatensystems

Im selben Maße, wie die „grandes monarchies" mit Hilfe von Sukzessionsordnungen, gegenseitigen Erbfolgegarantien und den allgemeinen Gleichgewichtsprinzipien den machtpolitischen Status quo in Europa sicherzustellen sich anschickten, wuchs die Bedeutung jener „conjonctures plus heureuses pour pouvoir tout oser", von denen Friedrich der Große in Erwartung der österreichischen Erbfolgekrise gesprochen hatte[171]. Zwar betonte er im Schlußwort seiner die Grundsätze aufgeklärter Fürstenherrschaft beschwörenden „Considérations" auch, daß es eine Ungerechtigkeit, „une rapacité criminelle" sei, etwas zu erobern, worauf man keinen Rechtsanspruch habe[172]. Doch gehörte es längst zu den Gepflogenheiten der Kabinette, Rechtstitel als Vorwand für eine Politik zu benutzen, die zu Gewalttätigkeit und Usurpation entschlossen war[173]. Und wo gab es bei den verwickelten staatsrechtlichen Verhältnissen in ganz Europa, bei den engen und kaum noch zu entwirrenden verwandtschaftlichen Beziehungen der fürstlichen Häuser, bei dem Hineinragen älteren Lehnrechts in die Besitzverhältnisse der neuzeitlichen Staatenwelt und den zahllosen Erbverbrüderungs-, Verpfändungs- und Übereignungsverträgen der vergangenen Jahrhunderte nicht Ansprüche, die den Zugriff auf ein „Erbteil" wenn nicht zu rechtfertigen, so doch zu bemänteln vermochten[174]? Das 18. Jahrhundert war eben in der Tat ein *ancien régime*, dessen Staatsstruktur nur durch ein neues Ordnungsprinzip aufgebrochen werden konnte.

Insofern ist als Ergebnis der hier angestellten Überlegungen festzuhalten, daß die Verrechtlichung der Erbfolge und ihre Festschreibung durch die Ordnungsmächte Europas die Neigung nicht abgeschwächt hat,

---

Arten diplomatischer Verhandlungen und gerechte Ursachen zum Kriege" gehandelt wird; *Friedrich der Große*, Réfutation du Prince de Machiavel, in: Oeuvres de Frédéric le Grand 8 (1848), 291 - 299.

[171] *Friedrich der Große*, Considérations sur l'état présent du corps politique de l'Europe, in: Oeuvres 8, 17.

[172] Ebd., 27.

[173] *Th. Schieder*, Macht und Recht. Der Ursprung der Eroberung Schlesiens durch König Friedrich II. von Preußen (Anm. 126), 246 ff.

[174] Jean Rousset hat in seinem dreibändigen Werk „Les intérêts présens et les prétentions des puissances de l'Europe" (3. Auflage 1741) die Erbansprüche der einzelnen Staaten zusammengetragen: „ein ungeheures barockes Archiv voll wunderlicher und veralteter Dinge". Und doch, fährt Meinecke fort, „es war Sitte, daß jeder Staat einen solchen Schatz alter Ansprüche in seinen Archiven hütete, um sie bei guter Konjunktur geltend zu machen. Nichts zu vergessen, was man einmal gebraucht haben konnte, war die Losung, auch noch in dieser Zeit, wo das freie Recht der Konvenienz sich in das zähflüssige und niemals unbestrittene Recht der Privilegien, Erbverträge usw. zu ergießen begann. Charakteristisch für das ganze ausgehende *ancien régime* ist ja eben, daß beide Rechte nebeneinander benutzt wurden, und daß man, wenn irgend möglich, die Konvenienz nach außen hin bemäntelte durch zweckmäßig gedeutete urkundliche Ansprüche". Vgl. *F. Meinecke*, Die Idee der Staatsräson, 310.

sich aus den Trümmern einer Erbmasse — den „tristes débris", wie es nicht ohne Verächtlichkeit in der preußischen Rechtfertigung für den Einmarsch in Schlesien heißt[175] — den seit langem ins Auge gefaßten Anteil zu sichern. Es scheint, als wenn die wenigen Augenblicke, in denen die immer fester zementierten Machtverhältnisse des Kontinents durch eine Thronvakanz in Bewegung gerieten, rücksichtsloser denn je dazu genutzt wurden, um auch den fadenscheinigsten Erbansprüchen in einer „action d'éclat" Geltung zu verschaffen.

Auch die konsequenten Bemühungen der Dynastien um die Sicherung ihres verfassungsrechtlichen Fundaments haben also ebenso wenig wie die Gleichgewichtsdoktrin oder die Lehre von der Konvenienz der Staaten den Krieg als Mittel politischer Auseinandersetzung zu verdrängen vermocht. Doch gehören zum Bild einer Epoche nicht nur die einhelligen Erfolge, sondern auch jene Intentionen politischen Handelns, deren Wirkung zu ermessen ebenso schwierig wie müßig ist. Und in diesem Sinne ist auch die gesteigerte, an Grundgesetzen und Erbfolgegarantien ablesbare Systemrationalität der Dynastien Ausdruck eines Zeitalters, das im Interesse bestehender Machtstrukturen an der Errichtung des „corps politique de l'Europe" und der Einhegung des Krieges ernsthaft gearbeitet hat.

---

[175] Vgl. die Instruktion des Königs an den Oberhofmarschall Graf Gotter vom 15. November 1740, abgedruckt in: Politische Correspondenz Friedrichs des Großen 1 (1879), 103 Nr. 159.

Literaturverzeichnis

Albertini, Rudolf von: Das politische Denken in Frankreich zur Zeit Richelieus. (Beihefte zum Archiv für Kulturgeschichte 1), Marburg 1951.

Aretin, Karl Otmar Frhr. von: Der Aufgeklärte Absolutismus als europäisches Problem, in: ders. (Hrsg.), Der Aufgeklärte Absolutismus. (Neue Wissenschaftliche Bibliothek 67), Köln 1974, 11 - 51.

Böckenförde, Ernst-Wolfgang: Die Entstehung des Staates als Vorgang der Säkularisation, in: Säkularisation und Utopie. Ebracher Studien — Ernst Forsthoff zum 65. Geburtstag, Stuttgart 1967, 75 - 94, zuletzt in: ders., Staat, Gesellschaft, Freiheit. Studien zur Staatstheorie und zum Verfassungsrecht. (Suhrkamp Taschenbuch), Frankfurt/Main 1976, 42 - 64.

— Die verfassungstheoretische Unterscheidung von Staat und Gesellschaft als Bedingung der individuellen Freiheit. (Rheinisch-Westfälische Akademie der Wissenschaften — Geisteswissenschaften — Vorträge 183), Opladen 1973.

Borch, Herbert von: Das Gottesgnadentum. Historisch-soziologischer Versuch über die religiöse Herrschaftslegitimation, Berlin 1934.

Brunner, Otto: Vom Gottesgnadentum zum monarchischen Prinzip. Der Weg der europäischen Monarchie seit dem hohen Mittelalter, zuletzt in: ders., Neue Wege der Verfassungs- und Sozialgeschichte, 2. Aufl., Göttingen 1968, 160 - 186.

Clausewitz, Carl von: Vom Kriege, 18. Aufl., hrsg. von Werner Hahlweg, Bonn 1973.

Dehio, Ludwig: Um den deutschen Militarismus. Bemerkungen zu G. Ritters Buch: Staatskunst und Kriegshandwerk. Das Problem des „Militarismus" in Deutschland, zuletzt in: Militarismus, hrsg. von Volker R. Berghahn. (Neue Wissenschaftliche Bibliothek 83), Köln 1975, 218 - 235.

Dickmann, Fritz: Krieg und Frieden im Völkerrecht der frühen Neuzeit, in: ders., Friedensrecht und Friedenssicherung, Studien zum Friedensproblem in der Geschichte. (Kleine Vandenhoeck-Reihe 321), Göttingen 1971, 116 - 139.

Dreitzel, Horst: Protestantischer Aristotelismus und absoluter Staat. Die „Politica" des Henning Arnisaeus (ca. 1575 - 1636). (Veröffentlichungen des Instituts für europäische Geschichte 55), Wiesbaden 1970.

Franklin, Julian H.: Jean Bodin and the Rise of Absolutist Theory, Cambridge 1973.

Gerhard, Dietrich: Probleme des dänischen Frühabsolutismus, in: Dauer und Wandel der Geschichte. Aspekte europäischer Vergangenheit. Festgabe für Kurt von Raumer, hrsg. von R. Vierhaus und M. Botzenhart, Münster 1966, 269 - 292, zuletzt auch in: ders., Gesammelte Aufsätze. (Veröffentlichungen des Max-Planck-Instituts für Geschichte 54), Göttingen 1977, 89 - 111.

Gierke, Otto von: Das deutsche Genossenschaftsrecht; Bd. 4: Die Staats- und Korporationslehre der Neuzeit, Nachdruck der 2. Aufl. von 1913, Graz 1954.
— Johannes Althusius und die Entwicklung der neuzeitlichen Staatstheorien, Nachdruck der 3. Aufl. von 1913, Aalen 1968.

Göhring, Martin: Weg und Sieg der modernen Staatsidee in Frankreich, 2. Aufl. Tübingen 1947.

Hartung, Fritz: Der aufgeklärte Absolutismus, zuletzt in: ders., Staatsbildende Kräfte der Neuzeit. Gesammelte Aufsätze, Berlin 1961, 149 - 177.
— Die Krone als Symbol der monarchischen Herrschaft im ausgehenden Mittelalter, zuletzt in: ders., Staatsbildende Kräfte der Neuzeit. Gesammelte Aufsätze, Berlin 1961, 9 - 61.
— Deutsche Verfassungsgeschichte vom 15. Jahrhundert bis zur Gegenwart, 9. Aufl. Stuttgart 1969.

Heller, Hermann: Staatslehre, Leiden 1934.

Hinrichs, Ernst: Fürstenlehre und politisches Handeln im Frankreich Heinrichs IV. Untersuchungen über die politischen Denk- und Handlungsformen im Späthumanismus. (Veröffentlichungen des Max-Planck-Instituts für Geschichte 21), Göttingen 1969.

Hintze, Otto: Machtpolitik und Regierungsverfassung (1913), in: ders., Staat und Verfassung. Gesammelte Abhandlungen zur allgemeinen Verfassungsgeschichte, 3. Aufl., hrsg. von Gerhard Oestreich, Göttingen 1970, 424 - 456.
— Staatenbildung und Verfassungsentwicklung (1902), in: ders., Staat und Verfassung (wie oben), 34 - 51.
— Staatsverfassung und Heeresverfassung (1906), in: ders., Staat und Verfassung (wie oben), 52 - 83.
— Wesen und Wandlung des modernen Staats (1931), zuletzt in: ders., Staat und Verfassung (wie oben), 470 - 496.
— Wirtschaft und Politik im Zeitalter des modernen Kapitalismus, in: ders., Soziologie und Geschichte. Gesammelte Abhandlungen zur Soziologie, Politik und Theorie der Geschichte, hrsg. von Gerhard Oestreich, 2. Aufl. Göttingen 1964, 427 - 452.

Kern, Fritz: Gottesgnadentum und Widerstandsrecht im frühen Mittelalter. Zur Entwicklungsgeschichte der Monarchie, Nachdruck der 2. Aufl. von 1954, hrsg. von R. Buchner, Darmstadt 1973.

Klassen, Peter: Die Grundlagen des aufgeklärten Absolutismus. (List-Studien 4), Jena 1929.

Kleinmann, Hans Otto: Titelführung und Rechtsanspruch. Bemerkungen zum „österreichischen" Titel des Katholischen Königs im 18. Jahrhundert, in: Beiträge zur neueren Geschichte Österreichs. (Festschrift für Adam Wandruszka zum 60. Geburtstag), hrsg. von Heinrich Fichtenau und Erich Zöllner, Wien - Köln - Graz 1974, 130 - 150.

Kluxen, Kurt: Zur Balanceidee im 18. Jahrhundert, in: Vom Staat des Ancien Régime zum modernen Parteienstaat. Festschrift für Theodor Schieder zum 70. Geburtstag, hrsg. von Helmut Berding u. a., München - Wien 1978, 41 - 58.

Krüger Herbert: Allgemeine Staatslehre, 2. Aufl. Stuttgart 1966.

Krüger, Kersten: Absolutismus in Dänemark — ein Modell für Begriffsbildung und Typologie. Mit 2 Beilagen: Erb- und Alleinherrschafts-Akte 1661 und Lex Regia 1665 in der Übersetzung Theodor Olshausens, in: Ztschr. d. Gesellschaft f. Schleswig-Holsteinische Gesch. 104 (1979), 171 - 206.

Kunisch, Johannes: Das Mirakel des Hauses Brandenburg. Studien zum Verhältnis von Kabinettspolitik und Kriegführung im Zeitalter des Siebenjährigen Krieges, München - Wien 1978.

Liermann, Hans: Untersuchungen zum Sakralrecht des protestantischen Herrschers, zuletzt in: ders., Der Jurist und die Kirche. Ausgewählte kirchenrechtliche Aufsätze und Rechtsgutachten, hrsg. von M. Heckel u. a. (Jus ecclesiasticum 17), München 1973, 56 - 108.

Lousse, Emile: Absolutismus, Gottesgnadentum, Aufgeklärter Despotismus, in: Karl Otmar Frhr. von Aretin (Hrsg.), Der Aufgeklärte Absolutismus. (Neue Wissenschaftliche Bibliothek 67), Köln 1974, 89 - 102.

Meinecke, Friedrich: Die Idee der Staatsräson in der neueren Geschichte, 3. Aufl., hrsg. von Walter Hofer, München 1963.

Meisner, Heinrich Otto: Verfassung, Verwaltung, Regierung in neuerer Zeit. Sitzungsberichte der Deutschen Akademie der Wissenschaften zu Berlin, Klasse für Philosophie, Geschichte usw. 1962/1, Berlin 1962.

Meyer, Eduard: Ursprung und Entwicklung des dynastischen Erbrechts auf den Staat und seine geschichtliche Wirkung vor allem auf die politische Gestaltung Deutschlands, in: Sitzungsberichte der Preuß. Akad. d. Wissenschaften, Philos.-hist. Kl. 28, Berlin 1928, 144 - 159.

Mohnhaupt, Heinz: Potestas legislatoria und Gesetzesbegriff im Ancien Régime, in: Jus commune 4 (1972), 188 - 239.

Näf, Werner: Herrschaftsverträge und Lehre vom Herrschaftsvertrag, in: Schweizer Beiträge zur Allgemeinen Geschichte 7 (1949), 26 - 52.

— Die Epochen der neueren Geschichte. Staat und Staatengemeinschaft vom Ausgang des Mittelalters bis zur Gegenwart, 2 Bde., 2. Aufl. Aarau 1959/60.

— Die europäische Staatengemeinschaft in der neueren Geschichte. (Schweizer Vereinigung für internationales Recht — Druckschrift 37), Zürich - Leipzig 1943.

Oestreich, Gerhard: Zur Heeresverfassung der deutschen Territorien von 1500 bis 1800. Ein Versuch vergleichender Betrachtung, zuletzt in: ders., Geist und Gestalt des frühmodernen Staates, Berlin 1969, 290 - 310.

— Policey und Prudentia civilis in der barocken Gesellschaft von Stadt und Staat, in: Stadt-Schule-Universität-Buchwesen und die deutsche Literatur im 17. Jahrhundert, hrsg. von Albrecht Schöne, München 1976, 10 - 21.

— Die verfassungspolitische Situation der Monarchie in Deutschland vom 16. bis 18. Jahrhundert, in: ders., Geist und Gestalt (wie oben), 253 - 276.

— Ständetum und Staatsbildung in Deutschland, in: ders., Geist und Gestalt (wie oben), 277 - 289.

Oestreich, Gerhard und Inge *Auerbach*: Die Ständische Verfassung in der westlichen und in der marxistisch-sowjetischen Geschichtsschreibung, in: Ancien Pays et Assemblées d'Etats LXVII — Standen en Landen, Miscellanea XXXII (1976), 6 - 54.

Quaritsch, Helmut: Staat und Souveränität, Bd. 1: Die Grundlagen, Frankfurt/Main 1970.

Raumer, Kurt von: 1648/1815: Zum Problem internationaler Friedensordnung im älteren Europa, in: Forschungen und Studien zur Geschichte des Westfälischen Friedens. (Schriftenreihe der Vereinigung zur Erforschung der neueren Geschichte 1), Münster 1965, 109 - 126.

Scheuner, Ulrich: Die großen Friedensschlüsse als Grundlage der europäischen Staatsordnung zwischen 1648 und 1815, in: Spiegel der Geschichte. Festgabe für Max Braubach, hrsg. von Konrad Repgen und Stephan Skalweit, Münster 1964, 220 - 250.

Schmoller, Gustav: Das Merkantilsystem in seiner historischen Bedeutung: städtische, territoriale und staatliche Wirtschaftspolitik, in: ders., Umrisse und Untersuchungen zur Verfassungs-, Verwaltungs- und Wirtschaftsgeschichte besonders des Preußischen Staates im 17. und 18. Jahrhundert, Nachdruck der Ausgabe von 1898, Hildesheim 1974, 1 - 60.

Schulze, Hermann: Die Hausgesetze der regierenden deutschen Fürstenhäuser, 3 Bde., Jena 1862 - 1883.

— Das Recht der Erstgeburt in den deutschen Fürstenhäusern und seine Bedeutung für die deutsche Staatsentwicklung, Leipzig 1851.

Schwarzenberger, Georg: Machtpolitik. Eine Studie über die internationale Gesellschaft, Tübingen 1955.

Skalweit, Stephan: Das Problem von Recht und Macht und das historiographische Bild Friedrichs des Großen, in: Geschichte in Wissenschaft und Unterricht 2 (1951), 91 - 106.

Wagner, Fritz: Europa um 1700 — Idee und Wirklichkeit, in: Francia 2 (1974), 295 - 308.

Weber, Max: Wirtschaft und Gesellschaft. Grundriß der verstehenden Soziologie, 5. Aufl., hrsg. von Johannes Winckelmann, Tübingen 1972.

Werminghoff, Albert: Der Rechtsgedanke von der Unteilbarkeit des Staates in der deutschen und brandenburgisch-preußischen Geschichte. (Hallische Universitätsreden 1), Halle 1915.

Wolzendorff, Kurt: Staatsrecht und Naturrecht in der Lehre vom Widerstandsrecht gegen rechtswidrige Ausübung der Staatsgewalt, Nachdruck der Ausgabe von 1916, Aalen 1968.

Wyduckel, Dieter: Princeps Legibus Solutus. Eine Untersuchung zur frühmodernen Rechts- und Staatslehre. (Schriften zur Verfassungsgeschichte 30), Berlin 1979.

Personen- und Sachregister

Die Anmerkungen wurden ohne besondere Kennzeichnung mitberücksichtigt.

Aachen, Friede von (1748) 68
Adoption 76
Albrecht V., Herzog von Bayern 63
Anna, Kaiserin von Rußland 47
Anna, Erzherzogin, Tochter Ferdinands I. 63 f.
Arnisaeus, Henning, Staatsrechtslehrer 36
Aufklärung 13

Bacon, Francis, Staatsmann und Philosoph 53
Baden, Friede von (1714) 47
Bartenstein, Johann Christoph, österreichischer Staatssekretär 61, 77
Belle-Isle, Charles Louis Fouquet Duc de, französischer Marschall und Minister 66 f., 73
Benedikt, Heinrich, Historiker 42
Bodin, Jean, Staatslehrer 29, 33 f.
Borcke, Adrian Bernhard, Graf von, preußischer Diplomat 65
Brunner, Otto, Historiker 24 f., 41
Bugenhagen, Johannes, Theologe 27 f.
Bulle, Goldene (1356) 39
Burckhardt, Jakob, Historiker 16 f., 74

Cambrai, Kongreß von (1724) 59
Christian III., König von Dänemark 27
Christian V., König von Dänemark 19, 23
Christian VI., König von Dänemark 48
Clausewitz, Carl von, preußischer General und Militärtheoretiker 15
Clemens August, Kurfürst von Köln 67

Dehio, Ludwig, Historiker 69

Eleonore, Kaiserin, 3. Gemahlin Leopolds I. 44
Erbfolgekrieg, Österreichischer 68
Erbfolgekrieg, Polnischer 60
Erbfolgekrieg, Spanischer 46, 52 f., 61 f., 72
Erb-, Landesteilung 38 f., 43
Eugen, Prinz von Savoyen, österreichischer Staatsmann und Feldherr 44, 59

Ferdinand I., römisch-deutscher Kaiser 42 f., 63 f.
Ferdinand II., römisch-deutscher Kaiser 43
Fleury, André-Hercule de, Kardinal und französischer Minister 60, 63 f., 66, 68
Franz I. Stephan, römisch-deutscher Kaiser 66
Friedrich II., der Große, König von Preußen 12 f., 16, 47, 50, 64 - 74, 78 f.
Friedrich III., König von Dänemark 18 f., 21, 23
Friedrich IV., König von Dänemark 19
Friedrich August, Kurfürst von Sachsen (= August III. von Polen) 62
Friedrich Wilhelm, Kurfürst von Brandenburg, der Große Kurfürst 70
Fürstenstaat 11 f., 14 f., 18, 21, 39 - 41, 61, 78
Fundamentalgesetz 14, 19, 32, 35, 45, 76, 80

Georg II., König von England 51, 67, 71
Gleichgewicht (Aequilibrium) 47, 51 - 55, 57, 60 f., 68, 73, 77, 79 f.

86 Personen- und Sachregister

Gooch, George Peabody, Historiker 70
Gotter, Gustav Adolf, Graf von, preußischer Oberhofmarschall 80
Gottesgnadentum 21, 24 - 27, 29 f., 45

Handelskompanie, Ostendesche 54
Hartung, Fritz, Historiker 39
Hausgesetz 18 f., 39, 50, 61
Heinrich, Prinz von Preußen, Bruder Friedrichs des Großen 13
Hinrichs, Ernst, Historiker 33
Hintze, Otto, Historiker 11, 16
Hobbes, Thomas, Staatslehrer 31 - 33
Holbach, Paul Heinrich Dietrich, Baron von, Philosoph 13, 47

Josef I., römisch-deutscher Kaiser 44 f., 62
Jülich-bergischer Erbfolgestreit 49, 67, 69
Jus publicum Europaeum 47

Karl VI., römisch-deutscher Kaiser 19, 44, 46 f., 49, 51 f., 54 - 60, 62 f., 66, 68 f., 71 f., 74 f., 77
Karl von Steiermarck, Erzherzog von Österreich 43
Karl Albert, Kurfürst von Bayern (= Kaiser Karl VII.) 62, 64, 67, 74
Kern, Fritz, Historiker 24
Kleinmann, Hans Otto, Historiker 59
Kluxen, Kurt, Historiker 53
Königsegg, Joseph Lothar, Graf von, österreichischer Diplomat 45, 54
Königsheil — Königsmythos 24 f., 27
Königskrönung 22 - 24, 27 - 30
Konferenz, Geheime, österreichische Zentralbehörde 44
Konvenienz 50, 68, 73, 79 f.
Krieg, Nordischer (1655 - 1660) 17, 31
Kriegspolitik 12, 15

Landesordnung, Verneuerte, von Böhmen (1627) 33
Legitimität, Legitimation 14, 17, 22, 24, 26 f., 30, 32, 41, 47, 76
Lentze, Hans, Rechtshistoriker 42
Leopold I., römisch-deutscher Kaiser 44, 70
Leopold von Tirol, Erzherzog von Österreich 43
lex regia 18 f.

Lex Regia (von Dänemark), das Kongelov (1665) 17 - 39
Liermann, Hans, Kirchenhistoriker 27
Loysel, Antoine, Staatsrechtslehrer 36
Ludewig, Johann Peter von, Staatsrechtslehrer 29
Ludwig XIV., König von Frankreich 25
Luther, Martin, Theologe 27
Luthertum 29 f.

Macaulay, Thomas Babington, Politiker und Publizist 73
Machtpolitik 11, 13, 15
Mächtepolitik 12, 14 f., 50, 60 f.
Mächte-, Staatensystem 15 f., 50, 53 - 55, 57 f., 61, 68 f., 73, 78
Maria Amalia, Kurfürstin von Bayern 62
Maria Antonia, Kurfürstin von Sachsen 13
Maria Josefa, Kurfürstin von Sachsen 62
Maria Theresia, römisch-deutsche Kaiserin 54, 63 f., 67 f., 72 - 74, 77
Matthias, römisch-deutscher Kaiser 43
Max Emanuel, Kurfürst von Bayern 63
Meinecke, Friedrich, Historiker 79
Michael, Wolfgang, Historiker 45
Mikoletzky, Hanns, Historiker 62 f.

Naturrecht 13, 24, 27, 47
Natzmer, Karl Dubislaw von, preußischer Kammerjunker 72

Oestreich, Gerhard, Historiker 26, 39
Osse, Melchior von, Kursächsischer Kanzler 13

Perusa und Criching, Maximilian Emanuel Graf von, Kurbayerischer Diplomat 63 f.
Population 15
Pragmatische Sanktion (1713) 19, 42, 45 - 64, 66, 69 f., 73 - 75
Primogeniturerbfolge 37, 39 f., 43 f.

Ranke, Leopold von, Historiker 12 f., 57, 59
Rastatt, Friede von (1714) 47

Rat, Geheimer, dänische Zentralbehörde 19
Redlich, Oswald, Historiker 59 f.
Reformation 27
Reichsrat, dänisches Regierungsorgan 20, 23, 31
Reichstag, dänische Ständeversammlung 20
Reichstag, deutsche Ständeversammlung 55 - 57
Roeg, Michael August, Kupferstecher 19
Rousseau, Jean-Jacque, Philosoph 57
Rousset de Missy, Jean, Schriftsteller 79

Säkularisierung 25, 29
Saint-Pierre, Charles Irénée de Castel, Abbé de, Schriftsteller 57
Sakralrecht 22, 25, 27 - 30
Salbung des Herrschers 21 - 23, 28 - 30
Scheuner, Ulrich, Staatsrechtler 76
Schönborn, Friedrich Karl von, Reichsvizekanzler 44, 58
Schramm, Percy Ernst, Historiker 25
Schumacher, Peter, dänischer Staatsmann 18 f.
Seilern, Johann Friedrich Graf von, österreichischer Hofkanzler 44
Sicherheit 32, 37 f., 53, 55 - 58
Sinzendorf, Karl Ludwig Graf von, Vizepräsident des Reichshofrates 44
Sinzendorf, Philipp Ludwig Graf von, österreichischer Hofkanzler 63

Soissons, Kongreß von (1728) 59
Souveränität 18 - 20, 25, 31 - 36, 47
Staatslehre 21, 25, 33 - 35
Staatsräson 12, 15, 38, 59, 72, 76
Staatsreform, theresianische 41
Strakosch, Heinrich, Historiker 58

Toynbee, Arnold, Historiker 14
Turba, Gustav, Staatsrechtler 45

Unteilbarkeit 37, 39 f., 42 f., 45, 52, 54 f., 59, 68, 75
Utrecht, Friede von (1713) 53, 75

Vergöttlichung des Herrschers 25 f.
Vernunft 27, 30, 53
Vertrag, Staats-, Herrschaftsvertrag 24, 30 - 33
Vierhaus, Rudolf, Historiker 41
Voltaire (François-Marie Arouet), Schriftsteller 65

Wahlkapitulation 23
Wahlmonarchie 47
Wahlrecht 20, 31, 43
Walter, Friedrich, Historiker 59
Wandelinus, Johannes, Theologe und Staatsrechtslehrer 34
Weber, Max, Soziologe 16, 70
Widerstandsrecht 24
Wien, Friede von (1738) 60 f.
Wienbarg, Ludolf, Schriftsteller 17
Wilhelmine Amalia, Kaiserin, Gemahlin Josefs I. 44
Wohlfahrt 55 f., 77

Printed by Libri Plureos GmbH
in Hamburg, Germany